"『순전한 전도』는 내게 친한 비그리스도인 친구들의 정신과 마음의 빗장을 풀도록 천재의 암호해독서를 받은 것 같았다. 전도에 대해 나를 훈련해준 놀랍고 기분 좋은 책을 읽게 되어서 정말로 흥분되었다. 믿지 못하겠다면 이 책의 1장의 첫 문장만 읽어보라. 이 책은 최고의 하루를 만들었다."
RICO TICE, 주임 목사(전도 담당), All Souls Church, 런던

"내가 읽은 전도에 관한 가장 유용하고 핵심적이며 고무적인 책 중 하나이다. 뉴먼은 C. S. 루이스의 매력적인 언사와 기쁨에 바탕을 둔 변증법 모델을 사용하여 세속주의 시대에 효과적인 전도를 위한 로드맵을 제시하고 있다. 회의주의자들의 머리와 가슴에 호소하여 복음이 너무나 아름답고 너무나 좋아서 진실이라고 받아들이도록 한다."
BRETT MCCRACKEN, The Gospel Coalition의 선임 편집자이자 The Wisdom Pyramid: Feeding Your Soul in a Post-Truth World의 저자

"전도가 어렵다고 시인하는 모든 그리스도인은 랜디와 공감할 것이며, C. S. 루이스 전략에 대한 그의 잘 작성된 연구와 이 주제에 대한 성경의 가르침에서 도움을 받을 것이다. 그는 하나님과 복음에 관한 대화로 이끌어줄 실제적인 적용 단계를 우리에게 제공하면서 또 주변 사람들에게 복된 소식을 나누도록 우리에게 동기부여한다."
LIN JOHNSON, Write-to-Publish Conference 이사

"전도에 관한 책 중 만리 피펫의 Out of the Saltshaker와 챔만의 Know and Tell the Gospel 이후로 내 상상력을 휘어잡고 내 가슴을 따뜻하게 해준 책이다. 『순전한 전도』에서 C. S. 루이스의 상상의 변증론과 성경의 원칙을 교차한 글쓰기는 독특하고 능수능란했다. 뉴만은 루이스를 떠받들지 않으면서도 그의 걸출함을 드러내었고, 책에 성경의 내용이 가득하도록 세심하게 노력했다. 『순전한 기독교』는 그리스도인들의 어디서나 그리스도에 대한 지식의 향기를 퍼트리는 데 도움을 주는 엄청난 자원임이 증거될 것이다."
EDWIN EWART, Irish Baptist College 학장

"나는 여러 해 동안 이런 책이 나오길 기다렸다. 『순전한 전도』는 C. S. 루이스의 작품들을 소개했고, 우리에게 전도에 준비되게 하면서 오늘날 계속해서 변화하는 문화에 대해 교육한다. 나는 랜디의 Questioning Evangelism 이상의 책을 사실 기대하지 않았다. 그런데 이 책이 바로 그런 책이다! 만약 C. S. 루이스가 변증론의 '스테이크'라면

이 책은 그 스테이크를 먹기 위한 접시이자 나이프, 포크, 감자튀김, 샐러드, 소스이다. 이런 류의 다른 책은 없다."
MITCH CROWN, 전도자이자 Crown Jesus Ministries의 공동 창업자

"개인 전도에 관해서는 1등급을 받을 책이다. 영어를 사용하는 세상에서 어떤 현대 그리스도인도 C. S. 루이스만큼 복음을 많은 사람에 전한 사람은 없다. 뉴만 박사는 루이스 교수가 지상명령을 어떻게 이행했는지에 관해 독자에게 10가지의 통찰력을 제공한다."
DR. LYLE DORSETT, Wheaton College의 The Marion E. Wade Center 이사 역임

"랜디는 전도가 쉽다고 얘기하지 않는다. 사실 그는 그 반대라고 기술한다. 비록 그가 전도를 마법처럼 쉽게 만들 수는 없지만 전도를 바라고 현실이 되게 만들기는 한다. 그의 경험과 명쾌한 해석, 전염성의 혼합은 이러한 주제를 다루는 다른 사람들과 달리 그를 매력적으로 만든다. 랜디의 글솜씨는 세속의 시대가 예수님에 대해 우리에게 침묵을 강요하는 그 마법의 주문을 깨뜨리게 도울 것이다. 어쩌면 이 책은 코로나 이후의 세상에서 당신이 필요한 것이며, 새 전도의 기회를 가져다줄 것이다."
DAVID MATHIS, desiringGod.org 수석 편집자

"회심이란, C. S. 루이스가 말한다. '초자연적인 분의 개입이 없이는 일어나지 않는다.' 그는 오직 신비한 신적 은혜만이 최종적으로 누군가의 마음을 변화시킬 수 있으며, 그 신비 앞에 놓인 그의 겸손함은 그의 생애와 일을 특징짓는 전도에 있어서 모든 비상한 노력을 뒷받침했다. 『순전한 전도』는 루이스의 예를 철저하고 사려 깊은 방식으로 점검하고 같은 겸손의 정신을 보여준다. 나는 이 책을 열렬히 추천한다."
DR. MICHAEL WARD, 옥스퍼드 대학 Fellow of Blackfriars Hall이자 Houston Baptist University의 변증법 교수. After Humanity: A Guide to C. S. Lewis's The Abolition of Man 저자.

"대개 전도는 단 한 번의 대화로 일어나지 않는다. 전도는 복음의 진리를 은혜가 필요한 사람과의 만남으로 가져오는 과정이다. C. S. 루이스를 빛나는 모범으로 사용한 랜디 뉴만은 이 과정으로 우리를 데려간다. 『순전한 전도』는 전도의 원칙뿐만 아니라 전도에 관한 열정으로 가득한, 놀라운 자료이다."
TREVIN WAX, This Is Our Time 저자

"랜디 뉴만 박사는 아주 드문 솜씨를 부렸다. 그는 전도에 관해 실제적이면서도 아름다운 책을 썼다. 그는 그리스도를 어떻게 효과적으로 증거할 것인지에 관해 C. S. 루이스의 저작들과 생애에서 귀한 통찰력을 끌어내면서도 상상력과 은혜가 가득한 문장들을 제공한다. 만약 당신이 다른 사람에게 예수님에 관해 이야기하고자 한다면 이 책이 크게 도움이 될 것이다. 이 책을 읽고 그 원칙을 기도하며 적용하라. 사람들이 '더 높이 그리고 더 깊게' 이끌려 올 것이다."
DR. JOEL WOODRUFF, The C. S. Lewis Institute 단장

"C. S. 루이스의 창의적인 스토리텔링과 지혜의 최고들과 뉴만 박사의 광범한 지식과 전도에 관한 신학적 뒷받침이 직조된 아름다운 책이다. 이 책은 놀랍도록 원만하고 쉽게 접할 수 있도록 완성되어 당신 자신이 복음 안에서 더 많은 기쁨을 느끼게 하고 주변 사람들에게 복음을 전하는 것에 대한 설렘을 느끼게 한다."
CHRIS MCBURNEY, Christian Unions Ireland

"이 책은 나를 도전하고 새롭게 하고 고무하였다. 랜디 뉴만은 설득력 있는 안내자이며 명쾌한 글을 쓰는 저자이다. 그는 복된 소식을 나누라고 말하는 것을 넘어, 우리가 그 일을 하고 싶게 만들고 그 일을 더 잘하게 돕는다."
ALISTAIR BEGG, Truth For Life, Pray Big and Brave by Faith 저자

"전도에 관한 상당수의 책을 읽었지만 (이 책의 저자의 책을 포함하여) 이 책이 제일이다. 뉴만은 C. S. 루이스의 풍성한 작품들을 독자가 발견하고 즉시 친구들과 가족들과의 일상 대화에서 복음을 전하는 데에 적용할 수 있게 진정한 서비스를 행한다. 나는 이 책을 읽으면서 정보와 힘을 얻으며 동시에 더 많은 사람에게 복음을 전하고 싶은 흥분이 생김을 발견했다. 이 책을 다른 사람에게 소개할 기회가 종종 있을 것이라는 데에 의심의 여지가 없다."
MIKE MCKINLEY, Sterling Park Baptist Church 목회자

"랜디 뉴만이 다시 해냈다. 전보다 더 좋은 책으로. 그의 설명 문장과 문맥을 바꾸는 능력은 신앙을 향한 C. S. 루이스의 주장에 실린 열정과 부담과 지성에 새로운 빛을 비춰준다. 오늘날 복음을 전하기로 마음먹은 모든 이들이 반드시 읽어야 하는 책이다."
MITCH GLASER, Chosen People Ministries 회장

"『순전한 전도』는 평범한 불신자에게도 이해가 되는 방식으로 기독교 신앙을 번역하는 C. S. 루이스의 기술을 갈수록 강해지는 세속 세상에서 우리의 시작점에서부터 전도에 대한 현실감 있는 접근법에 정교하게 합쳐 놓았다. 그의 통찰력으로 무장되면 우리는 사람들이 예수님께로 가는 여정을 시작하도록 하시는 성령의 사역에 동행하게끔 될 것이다."

DAVID THOMPSON 목사, Presbyterian Church in Ireland, Council for Congregational Life and Witness 위원장

"랜디 뉴만은 루이스의 작품을 깊이 파고들어 파헤쳐서 종종 놓치는 보물들을 드러낸다. 책 전체에 걸쳐 그는 우리를 동기부여하고 복음의 메시지에 친구들을 효과적으로 개입시키게 도울 팁을 뿌려 놓았다."

GREGORY E. GANSSLE 박사, Talbot School of Theology의 철학 교수

"C. S. 루이스는 이렇게 썼다. '만약 기독교가 진실이 아니라면 그러면 어떤 정직한 사람도 그것을 믿고 싶지 않을 것이다. …… 그런데 만약 그것이 진실이라면, 모든 정직한 사람은 믿고자 할 것이다.' 이 단단한 지반에서부터 랜디 뉴만의 이 잘 읽히는 책은 루이스의 접근법을 오늘날 동시대 독자들을 위한 효과적인 전도 전략으로 번역한다."

MAX MCLEAN, Fellowship for Performing Arts 창립자이자 예술국장

랜디 뉴만의

순전한 전도

C. S. 루이스에게서 찾은 10가지 통찰

D. A. 카슨 서문

랜디 뉴만의

순전한 전도

C. S. 루이스에게서 찾은 10가지 통찰

랜디 뉴만 지음 임신희 옮김

MERE EVANGELISM

드림북

3일러두기:

1. 성경 본문 인용은 개역개정판을 이용하였다.

2. 저자의 해설은 미주로 처리하였으며, 필요 시 역자의 설명은 본문 중에 처리하였다.

3. 성경이 아닌 책의 인용문은 한글 역본을 참조하지 않은 역자의 사역이다.

나의 기쁨이자

인생의 은혜 가득한 선물의 공동 수혜자인

아내 팸에게

이 책을

드립니다.

서문

그렇습니다. 『순전한 기독교』는 C. S. 루이스가 2차 세계대전 중에 BBC 라디오 프로그램 방송분 중에서 출판된 책 제목임은 널리 알려진 사실이죠. 그런데 '순전한 전도'는 어디에서 나온 말일까요? 열 가지의 통찰은 차치하고라도 대체 루이스가 '전도'에 관련하여 우리에게 뭐라고 했다는 것일까요?

만약 루이스가 살아 있다면 우리가 이 책의 제목에 놀라는 걸 보고 놀랄 것 같습니다. 왜냐하면 그의 기독교 관련 저작들 가운데 유명한 것은 적어도 부분적으로는 모두 그가 전도에 관심을 가졌던 결과물이니까요. 제가 이렇게 말하는 것은 루이스가 했던 말 그리고 그가 말하는 방식으로 보아 그가 어떻게 복음을 이해하고 있는지 추정할 수 있기 때문입니다. 그의 설명이 그다지도 매력적이고 설득력 있는 것이죠. 일단 독자가 그의 작품이 가진 근본적인 특징을 의식하고 그것을 찾기 시작한다면, 『순전한 기독교Mere Christianity』와 같이 드러내고 복음주의적인 에세이거나, 『나니아 연대기Narnia』처럼 매력적인 판타지 작품들, 혹은 『고통의 문제The Problem of Pain』처럼 기독교 신앙의 반대에 대한 진지한 변증이나 『헤아려 본 슬픔A Grief Observed』과 같은 개인적인 간증집 등 어디에서나 쉽게 그 특징을 찾을 수 있습니다.

맞습니다. 루이스가 전도나 변증에 관한 강의를 한 적은 없습니다. 오히려 그러한 내용은 그가 기독교의 진리를 매력적으로 밝혀 드러내는 일의 중요성을 자각했음을 증언하는 글과 그의 글쓰기의 태도에서 찾아볼 수 있습니다. 『순전한 전도』에서 랜디 뉴만은 '전도'를 지나치게 도식화하지 않으려 조심하면서 또 자신이 말하는 '열 가지 통찰'이 루이스가 전하려는 의도라고 말하지 않습니다. 더구나 그것들을 열 가지 교훈이라는 식으로 해석하려는 것도 아니고요. 뉴만의 책은 자신처럼 오랜 신앙 경험을 가진 복음주의자들이 가지는 종류의 질문을 던집니다. 여기의 열 가지 통찰은 오롯이 랜디 뉴만의 생각이지만, 그것들은 또 오롯이 루이스의 생각 더미에서 뽑아낸 많은 예로 장식되어 있습니다.

그러한 과정을 거친 이 책은 전도에 대한 입문서 그 이상이지만 그렇다고 그 주제에 관한 전문가 과정이라고는 할 수 없습니다. 그보다 저자는 C. S. 루이스의 사상으로 입문하도록 우리를 끌어가는 한편, 루이스 자체의 특징적인 감각과 가벼운 상상력을 장착하여 우리가 전도에 관해 새로운 길로 들어서게 이끕니다.

D. A. 카슨

차 례

나는 상상해본다. 당신은 손에 C. S. 루이스의 책을 한 권, 나니아 연대기 중 하나를 들고 전철에 앉아 있다. 그때 누군가 무슨 책을 읽고 있냐고 물어본다. 당신이 대답하자 그녀가 반색하면서 자신도 어렸을 때 나니아 연대기를 읽었다고 답한다. 그러면 그녀는 나니아 시리즈 중에서 뭘 가장 좋아하냐고 물어볼 것이고 대화가 분위기 좋게 흘러간다. 그런 다음 그녀는 "루이스의 다른 책도 알고 계세요? 종교적인 책들도 쓴 것 같던데요."라고 묻는다.

당신은 뭐라고 답할까? 그녀에게 아슬란(『나니아 연대기』 시리즈에 나오는 사자의 이름으로 '신'을 형상화하였다. – 옮긴이) 그 이상을 얘기해줄 수 있을까?

또 이런 상상도 가능하다. 당신은 사촌의 결혼식에 참석해서 십수 년간이나 보지 못했던 친척을 만난다. 그는 손을 맞잡고 잘 지냈냐는 안

부를 물으며 이렇게 말한다. "너 요즘 교회를 나간다던데, 어떻게 된 거야?"

당신은 그런 질문에 답할 준비가 되어 있는가? 어서 결혼식 축가나 빨리 시작했으면 좋겠다고 생각하고 말겠는가.

전도는 멋진 일이다. 전도는 하나님이 사람들을 사망에서 생명으로 옮기기 위해 사용하시는 방법이다. 하지만 전도는 어렵다. 실은 전도가 어렵지 않은 적이 없다. 전도하기 위해서 우리는 감동과 도움을 받아야 한다. 그러한 감동과 도움(인간적인 면으로 생각해서)의 출처라면 나는 나니아의 창조자인 C. S. 루이스보다 더 좋은 출처를 생각할 수 없다. 그는 수많은 영혼의 방랑자들에게 영원한 생명을 약속하신 그분을 알려주기 위해 하나님의 쓰임을 받은 사람이었다.

루이스에 놀라다

C. S. 루이스는 나니아 연대기 시리즈를 출간하기 약 십 년 전 BBC 라디오의 유명한 프로그램인 '방송 강연Broadcast Talks'에 출연해 영국 전역의 청취자들에게 기독교 신앙에 대해 전했다. 그것이 이후 『순전한 기독교』라는 책의 내용이 되었고, 그 책으로 인해 루이스의 복음주의적 영향력이 그가 살던 시대를 넘어 지속되었던 것이다. 「크리스크리스차너티 투데이Christianity Today」잡지에 따르면, "20세기 최고의 종교 서적 10권을 선정하기 위해 100명의 교회 지도자들과 종교인들에게 물어보았더니 …… 현재까지 C. S. 루이스가 가장 저명한 저자로

꼽혔으며, 『순전한 기독교』가 그중 가장 자주 언급되었다."[1](『나니아 연대기』 시리즈에 나오는 사자의 이름으로 '신'을 형상화하였다. - 옮긴이)

'방송 강연'을 떠나-그 내용은 추후에 다시 언급하겠다- 그 프로그램이 생겨난 경위에 관한 이야기 그 자체가 전도에 활력을 불어넣는다. 그 시기는 영국이 밤새 퍼부었던 나치의 폭탄 투하를 겪은 지 일 년도 지나지 않은 때였으며, 그 바로 얼마 전에 던케르크의 기적(1940년 제2차 세계대전 당시 프랑스 던케르크 해안에 고립된 40만여 명의 영국, 프랑스, 벨기에, 폴란드, 네덜란드 5개국 병력을 영국 본토로 탈출시키는 철수작전-역자 주)이 있었다. 이 절체절명의 순간에 BBC 방송국의 프로듀서들은 루이스를 초대하여 기독교 신앙에 관한 짧은 메시지를 전하게 하고 그 내용을 매주 편집 방송하였다.

원래는 1941년 8월 6일에서 시작해서 9월 6일까지 15분짜리 5개를 매주 하나씩 방송할 계획이었지만, 인기가 있다 보니 4개월 후에는 다시 같은 방식의 두 번째 시리즈를 제작 방송하게 되었다. 이후에 세 번째 네 번째 시리즈로 이어졌다. 첫 강연부터 마지막까지 이 방송은 거의 3년을 이어가게 되었다! 여기서 우리는 점진적인 전도에 얼마나 인내가 필요한지를 배울 수 있겠다.

그러나 가장 놀라운 일은 청취자 수였다. 믿기지 않을 정도였다. 7시 45분에 시작하는 루이스의 강연을 듣기 위해서 사전에 어떤 비용을 치러야 했는지 알고 나면 당신은 더욱 흥미를 느낄 것이다. "7시에는 그다지 인상적이지 못한 아마추어들의 뮤지컬 쇼를 들어야 했다. 그들은 버클리 스퀘어 벙크하우스 싱어스 또는 힐빌리 스윙어스라는 말도 안 되는 이름을 가진 그룹들이었다."[2] 7시 15분에는 뉴스가 있었는데, 그것도 "영어도 아니고 심지어 웨일즈어도 아닌 노르웨이어 방송이었다."[3] 라디오를 듣다가 꺼버리는 이유로 15분짜리 외국어 뉴스라는 변명은 제격이지 않을까. 하지만 사람들은 그래도 라디오를 끄지 않았다. 120만 명이 넘는 이들이 매주 거듭해서 라디오 앞에 모였으며, 같은 프로그램이 몇 달 몇 년에 걸쳐 이루어졌다.

루이스의 오랜 친구이자 전기작가인 조지 세이어George Sayer는 이렇게 기억했다. "어느 수요일 저녁 펍에 군인들이 가득했다. 8시 15분이 되자 바텐더가 루이스의 메시지를 들으려고 라디오를 틀었다. '여러분, 이 양반 이야기 좀 들어보시오. 정말 들을 만하거든.' 그러자 거기 모여 있던 군인들이 모두 15분 내내 집중해서 그의 메시지를 들었다."[4] 우리는 그 같은 일화들을 떠올리면서 초자연적인 하나님이 초자연적인 결과를 낳게 하심을 믿는 믿음에 관해 배울 수 있겠다.

마지못한 회심자의 다른 예

루이스는 방송가이면서 작가이기도 했기 때문에 그의 전도에 관한 영향력은 그가 살던 시대를 훌쩍 뛰어넘어 이어졌다. 나는 누구보다 잘 안다. 그의 말은 나 자신이 걸어간 신앙 여정의 도구였다.

유대교 가정에서 자라난 나는 예수에 관해 거의 듣지 못했다. 종교는 기도문을 암송하거나 제의에 참여하고, 기념일을 지내는 것을 의

미했다. 내게 전능하신 분은 멀고 낯설게 느껴졌다. 그래서 대학 신입생 때 실존주의 작가들의 도움을 받아 우디 알란의 영화나 커트 보니것 Kurt Vonnegut의 소설을 읽으며 엄청난 맥주 파티를 했다. 나는 인생이란 그토록 불합리한 것이며 절대 제대로 이해되지 않을 것이라고 판단했다.

그런데 인생이 무의미하다는 믿음과는 달리 속으로는 그 이론이 틀렸음을 증명해줄 무언가를 찾게 되기를 절망적으로 희망했다. 나는 음악을 사랑했으며, 그것이 초월적인 것에 대한 접속점과 물질 세계를 넘어서는 어떤 연결점임을 증명할 수 있을 것이라고 생각했다. 그렇지만 음악은 매번 실망스러웠다. 콘서트가 끝나고 소란한 지하철을 타고 기숙사 방으로 돌아오는 길은 드보르자크와 라흐마니노프 그리고 모차르트의 웅장함과는 말도 안 되게 대비되었다.

그때는 알지 못했지만 나는 이미 구원하는 믿음으로 가는 여정에 올라 있었던 것이다.

고등학생 때로 돌아가면 술을 같이 마시던 친구 중 한 명이 내게 교회의 청소년 모임에 초청을 한 적이 있었다. 그는 "여자애들이 귀여워"라고 말했다. 그의 말은 맞아서 나는 비그리스도인인데도 불구하고 그 청소년 모임의 여러 활동에 정기적으로 참가하게 되었다. 그러면서 나는 복음을 들었지만, 즉각 그 메시지는 '그리스도인들이나 믿어야 하는 것'으로 치부해버렸다. "유대인들은 예수를 믿지 않는다"고 했으므로 유대인들에게는 무관하다고 생각했기 때문이다.

그러나 청소년부 사람들은 하나님께 끌릴만한 종류의 관계를 보여 주었다. 그들은 무슨 일이나 모든 일에 기도했고 내게 신약성경을 읽으라고 권했으며, C. S. 루이스라는 이름의 어떤 영국 남자가 쓴 책을 읽어보라고 했다. 나는 둘 다 읽지 않았다. 그렇지만 책의 제목, 『순전한 기독교』는 기억했다. 이상하게도 여러 해가 지난 후 대학 2학년을 준비할 무렵 나는 짐을 담은 상자에 신약성경을 던져넣게 되었다.

그 책은 내가 잡다한 독서와 맥주 파티, 콘서트 순례를 개시하는 동안 내 옷장에 그대로 있었다. 그런데 그 모든 일이 끼익 소리를 내며 급정거하게 되었다. 친구 하나가 비극적인 사고로 사망했던 것이다. 그의 장례식장에 앉아 나는 우디와 커트, 그리고 하이네켄이 내가 찾던 해답들을 제공할 수 없다는 것을 깨달았다. "하나님이 계시다면 그를 어떻게 알 수 있을까?" 나는 궁금했다. 나는 기숙사 방으로 돌아가 신약성경을 읽기 시작했다. 또 도서관에서 『순전한 기독교』를 빌려왔다. 나는 누구도 나를 볼 수 없는 곳에서 그 둘을 읽었다.

구약에서 인용한 마태의 인용문과 예수님이 하나님이라는 주장을 읽을 때 C. S. 루이스의 주장은 나의 탐구심에 불을 붙였다. 그는 내가 가장 확고히 가졌던 확신 중의 하나인 예수는 그저 사람 좋은 선생일 뿐이라는 확신을 날려 보냈다. "그저 한 인간으로서 예수님이 말씀하신 류의 말을 한 사람이라면 그는 위대한 도덕적인 교사는 아닐 것입니다. 그는 자신이 삶은 달걀이라고 말하는 수준의 광인이거나 지옥의 악마일 것입니다. 여러분은 선택해야 합니다. 이 남자가 인간이자 하나님의 아들인지, 아니면 광인이거나 더 나쁜 어떤 종류일지를."[5]

그의 이 말에 나는 예수님이 메시아라고 확신하였다. 겨우 지적인 동의로는 아무도 구원하지 못했다. 나를 항복의 선으로 밀고 간 것은 루이스의 다른 방식의 제안이었다. 소망에 관한 부분에 이르렀을 때 나는 왜 모든 콘서트가 공허하게 느껴졌는지 알게 되었다. 인생의 좌절을 다루는 두 가지 방식을 설명한 후 그는 이렇게 쓰고 있다. "만약 내가 이 세상의 경험으로 만족할 수 없는 욕구가 내 안에 있음을 발견한다면 가장 그럴듯한 그에 대한 해명은 내가 다른 세상을 위해 만들어졌다는 것입니다."[6]

내가 복음에 저항하지 못하게 된 것은 지성(예수님이 스스로를 밝힌바)과 상상력(내가 다른 세상을 위해 만들어진 것)의 교차점에 있었기 때문이다. 기숙사 책상에 앉아 나는 예수님은 그저 그 메시아가 아니라 나의 메시아이시며, 내가 음악에서 갈구하던 바로 그 메시아이며, 내 죄의 속죄를 위해 필요한 분임을 인정했다. 하나님을 믿게 되자 "발로 차고, 뻗대고, 화를 내고 …… 아마 그 밤, 나는 모든 영국에서 가장 낙담하여 마지못한 회심자였다."라고 한 루이스와 달리 나는 기뻐서 노래를 불렀다.[7] 음악을 선물로 받고도 그것으로 신을 삼으란 요구를 받지 않은 것에 안도했다. 게다가 십자가의 다 이루신 사역에 거할 수 있기 때문에 더는 제의를 갖출 필요가 없었다. 나는 크게 기뻤다.

C. S. 루이스가 나뿐 아니라 수없이 많은 사람에게 그런 강력한 전도자가 되게 한 것은 정신과 상상력, 두 가지 힘의 직조였다. 중세 문학의

전문가라면 하나님이 전도의 열매를 넓게 수확하기 위해 사용하실만한 그런 종류의 사람은 아니라 보겠지만 루이스는 그 자신을 "기독교 교리를 …… 학자가 아닌 사람들이 참여하고 이해할 수 있는 언어로 바꾸는 번역가"라고 보았다.[8]

사람들이 루이스의 강연을 들은 것은 그의 감명 깊은 자질 때문이 아니라 그들이 이해가 가는 방식으로 말을 했기 때문이었다. 우리는 오늘날 옷장 너머의 땅으로 우리를 데려가기 때문에 그의 소설을 읽는다. 그는 우리의 전 자아에게 호소한다.

루이스는 "내 책 대부분은 전도를 위한 것이다."[9]라고 확고하게 믿었다. 그것이 우리가 전도를 위한 감동을 구할 때 『순전한 기독교』뿐 아니라 그의 다른 저작들에서도 배울 수 있는 이유이다. 한번은 학생들에게 자신의 회심에 관해 광범위한 인터뷰를 수행한 적이 있다. 새삼스럽지 않게 루이스의 저작물들이 자주 언급되었다. 『순전한 기독교』, 『나니아 연대기』와 다른 소설과 함께 『기적들Miracles』 같은 변증서들과 『영광의 무게』와 같은 에세이도 언급되었다. 이 모두가 사람들이 회의론에서 빠져나와 믿음으로 가도록 움직이는 데 도움을 주었다. 한 예로 『새벽 출정호의 항해The Voyage of the Dawn Treader』의 영화판은 신앙의 선을 넘어 극장으로 대중을 끌어들이기도 했다.

내가 이 책을 쓰면서 마음에 두었던 것은 그와 같은 이야기들이었다. 이 평범과는 거리가 먼 인물이 어떻게 전도했는지를 풀어봄에 의해 우리는 전도라는 엄중한 과제를 위해 새로운 방법으로 자신을 준비시킬 수 있다고 나는 믿는다.

우리 앞에 있는 길들

당신은 자신이 전도라는 과제에는 적합하지 않다고 느낄 수도 있다. 세상에 C. S. 루이스는 단 한 명이니까. 그런데 몇 가지만 언급해도 그가 사용했던 스토리텔링, 이미지, 단순명쾌함과 유머 등의 도구는 우리도 대화에서 적용해 볼 수 있는 것들이다.

다음의 각 장은 루이스가 사용했던 방식과 우리가 그것을 실천할 수 있는 몇 가지 방법을 함께 엮은 것들이며, 성경이 그 방법들에 어떻게 빛을 비추는지에 관한 생각도 포함하였다. 그런 여러 가지 중 세 번째가 사실 가장 중요하다. C. S. 루이스는 실제로 많은 일을 했다. 그러나 바로 보아야 한다. 그는 완벽하지 않았다. 하나님의 말씀이 흠 없는 권위가 되며 우리가 전도하는 데 도움이 될 최선의 자료이다.

결국 우리가 가진 최대의 '자질'은 우리 안에 있지 아니하며, 그것은 자기 스스로 증명하는바, 우리 메시지의 강력한 진리이다. "내가 복음을 부끄러워하지 아니하노니 이 복음은 모든 믿는 자에게 구원을 주시는 하나님의 능력이 됨이라"(롬 1:16).

전도는 인간과 신, 자연과 초자연, 그리고 현실과 불가능이 만나는 곳에서 일어난다. 하나님은 "전도자의 일을 하며"(딤후 4:5)라고 연약한 디모데를 부르신다. 흠이 있고, 내켜 하지 않으며, 죄를 지었으며, 그다지 똑똑지 못한 전도자들도 인간의 요소에 기여하여 "지혜로 행하여 세

월을" 아껴 우리의 대화가 "은혜 가운데서 소금으로 맛을 냄과 같이"(골 4:5-6) 되도록 한다. 그러면 하나님은 어떤 인간 전도자도 할 수 없는 것을 공급하시어 맹인의 눈을 열고, 굳어진 마음을 부드럽게 하시고, 사람들을 그분께로 끌어가신다. 그것이 루이스의 방송 강연에서 이루어졌던 일이다. 그것이 저자 자신의 신앙 여정에서 벌어졌던 방식이다. 그리고 우리 모두를 위한 방법일 것이다.

이 책은 C. S. 루이스의 팬클럽에 회원 가입자를 늘리기 위해서나 그를 칭송하게 만들기 위한 것이 아니다. 이 책은 잃어버린 사람을 "언제나 겨울인데 성탄절은 결코 오지 않는" 그런 지역에서 그들을 구원할 수 있는 분을 알려주는 우리의 결단을 강화하려는 것이다. 이 책이 많은 사람의 인생에 영원한 변화를 만들게 될 말을 하고 일을 하도록 당신을 돕게 되기를 나는 기도한다.

C. S. 루이스가 『네 가지 사랑The Four Loves』―특별히 전도에 관련된 책이라고는 여겨지지 않는―을 썼을 때도 그는 여전히 전도를 향한 자세를 취하고 있었다. 그는 친구에게 이렇게 썼다. "하나님이 내게 구원에 도움이 될 만한 일을 말하게 하시기를, 적어도 해를 끼치지는 않기를 나를 위해 기도해주게."[10]

우리 모두 같은 태도로 같은 기도를 하기를!

⟨01⟩ 왜 사전 전도가 필요한가

'C. S. 루이스 연구소' 소장 탐 타란츠Tom Tarrants는 그 직책을 맡기 전 다양한 인종이 있는 미국 워싱턴 D.C.의 어느 다인종 교회에서 공동 목회를 하고 있었다. 그전에는 신학교 학생이었다. 그보다 더 거슬러 올라가면 건물들을 폭파까지는 아니어도 적어도 그러려고 했던 인물이었다. 특히 유대인과 흑인들의 소유지를 목표로 삼았는데, 그가 가장 증오하던 그룹(증오 목록에는 가톨릭교도들도 상당히 상위에 올라있었다)이 대상이었다. 그는 KKK단에 가입했고, 주로 그 때문에 주 교도소에 가게 되었다. 교도소를 탈출했던 그는 붙잡혀 같은 교도소의 독방에 갇히게 되었다. 가로 1미터 20센티 세로 2미터 정도밖에 안 되는 창문도 없는 그곳에서 그는 그리스도인이 되었다.

그의 이야기에서 상세한 내용은 생략하겠다. 흥미진진한 그 이야기를 듣기 위해서는 그의 책, 『증오에 사로잡힌 자, 사랑으로 구원받다

Consumed by Hate: Redeemed by Love』를 찾아 읽어보시라. 그 이야기에서 내가 관심이 갔던 한 부분은 그가 신앙을 가지게 되기 전에 철학책들을 읽었다는 사실이다. 그는 여러 달을 헤겔, 플라톤, 아리스토텔레스 그리고 스토아학파와 같이 무게감 있는 철학 서적을 섭렵했다.[11] 복음의 구체적 진리를 탐색하기 전에 보편 진리에 관한 자신의 생각을 정리할 필요를 느꼈다는 듯이 말이다. 그가 인종에 관한 관점에 의문을 가지기 시작한 것은 정치 철학에 관한 한 책을 읽었기 때문이다. 그는 자신이 그전까지 가지고 있던 일부 인종의 열등함에 대한 확신이 흔들리면서 뭔가 잘못 알고 있음을 알게 되었다. 진리에 대한 자신의 생각을 재정립하고 나자 '성경의 진리the truth'에 순복하는 길이 열렸다.

모든 사람이 바울을 읽기 전에 플라톤을 읽어야 할 필요는 없지만 그래야 하는 사람도 있다. 나중에 루이스의 아내가 된 조이 데이비드맨 Joy Davidman은 기독교 교리를 받아들이기 전에 먼저 공산주의 이론에 대해 가졌던 자신의 생각을 뒤엎어야 했다. 또 그녀는 자신이 "신심 깊은 사람들이 하나님을 믿듯이 마찬가지로 과학을 믿고 있었음"을 깨달았다. 세계 2차대전이라는 고통의 역사를 거치면서 마르크스주의와 무신론의 결점이 드러나자 그녀도 유신론에 대해 마음을 열게 되었다. 그녀는 자신이 이전에 가졌던 무신론이 '소망이 없고' '순진한' 것이었다고 고백했다.[12]

탐과 조이, 두 사람 모두 사람들이 '사전 전도'라고 부르는 상황을 만났다. 사전 전도란 복음을 받아들이기 전의 준비 과정을 말한다. 이러한 준비는 위의 두 사람의 예보다 훨씬 더 다양한 형태를 띨 수 있으므로 자신과 그들이 다르다고 하여 물러서지 말라. 그들처럼 학구적이지 않아도 대부분 사람이 생활방식이나 도덕성 등에서 도전을 받을 수 있다. 하지만 현대의 환경 조건에서 전도의 결실을 위해서는 사전 전도가 중요하다고 나는 확신한다. 그럼에도 사전 전도 전략은 그 가치를 인정받지 못하고 있다.[13] 나는 사전 전도가 C. S. 루이스에게서 우리가 얻을 수 있는 가장 의미 있는 교훈이라고 믿는다. 내가 이 책의 서두를 사전 전도로 시작하는 이유가 바로 그것이다.

길을 열다

당신은 그러한 내 생각에 동의하기를 주저할지도 모르겠다. '우리의 일은 그냥 단순하게 복음을 선포하는 것이고, 나머지는 하나님이 행하시도록 하면 되는 거 아냐?' 복음에 타협하지 않으려는 그 마음을 이해하지 못하는 바가 아니다. 하지만 십자가와 부활의 의미를 자세히 설명하기 전에, 예수님과 바울 두 사람 모두가 사전 전도를 행하신 모델이라는 점을 생각해보라.

예수님이 우물가의 여인과 물과 목마름에 관해 한참이나 얘기하실 때 제일 먼저 그녀의 갈망에 호소하시면서, 인간관계를 통해서는 만족되지 않는 목마름에 대해 말씀하셨다. 우물가 여인의 경우, 다섯 번의 실패한 결혼과 결국 비슷한 결과를 맞을 현재의 동거에서 그러한 채워지지 못한 갈망이 보인다. 간혹 목마른 사람들에게 생명의 물부터 제공하기 전에 먼저 그들이 물이 새는 깨진 항아리에 공을 들이고 있음을 깨닫게 할 필요가 있다.

아테네의 아레오바고에서 바울은 스토아학파와 에피쿠로스 철학자들과 함께 한 자리에서 지식의 본질에 관해 그리고 인간의 의미에 관해 관심을 집중하여 그들의 지성에 호소했다.

바울의 연설은 일반 계시를 통해서 하나님에 대해서 알 수 있다고 말한다. 그는 듣는 이들에게 그들의 노력이 스스로는 알지도 못하는 신에게 다가가려는 것임을 생각하라고 촉구하면서("너희가 위하는 것들" 행 17:23) 그들의 시인들이 예전에 이미 표현했던 것("우리가 그의 소생이라" 28절)을 떠올려보라 한다.

로마서 1장과 2장은 바울의 논리 흐름이 같은 방식으로 진행되고 있음을 보여준다. 성경에는 복음에 관한 명확한 진술(3:21-26)을 하기에 앞서 만물(롬 1:20)과 양심(2:15)에 하나님의 일반 계시를 드러낸다. 때로는 구성이 어떻게 되어 있는지가 전달 자체만큼이나 중요하다.

존 스토트는 바울의 방법론에 관해 다음과 같은 통찰력 있는 해설을 한다.

> "아레오바고 연설은 바울의 메시지가 얼마나 포괄적인지 드러낸다. 그는 창조주요, 관리자이며, 통치자이자, 아버지이시며, 심판자로서 완전하신 하나님을 선포했다. …… 지금 이 모든 것이

복음의 부분이다. 적어도 복음에서 빼놓을 수 없는 배경이며, 그러한 배경 없이는 복음 자체가 효과적으로 선포될 수 없다. 오늘날 많은 사람이 우리의 복음을 거절하는 것은 그것이 거짓이라고 생각해서가 아니라 복음이 별것 아니라고 인식하기 때문이다. 사람들은 자신의 경험에 부합하는 통합된 세계관을 찾고 있다. 우리는 하나님에 대한 교리 없이 예수님의 복음을, 창조 없이 십자가를, 또는 심판 없이 구원을 선포할 수 없음을 바울에게서 배운다."[14]

'사전 전도'와 '전도'라는 말의 의미를 내가 어떻게 사용하는지 독자의 이해를 돕기 위해 설명을 덧붙이고자 한다. 나는 '전도'를 조금 의미를 좁혀서 정확하게는, 복음의 메시지를 말로 선포하는 것이라는 의미로 사용한다. 복음의 메시지란 하나님은 나라를 가지고 계시며 우리가 예수님의 죽음과 부활로 인해 그 나라의 시민이 될 수 있다는 메시지이다. (이 메시지에 관해서는 앞으로 많이 다루게 될 것이고, 5장에서 어떻게 그 복음을 분명하게 선포할 수 있을지를 말하게 될 것이다.) 내가 사용하는 '사전 전도'의 의미에는 복음에 관한 이해를 높이고 수용할 수 있는 길을 열고, 그 타당성을 강화하는 대화와 행동을 폭넓게 다루는 것이 포함된다. 갈증에 대한 예수님의 대화, 바울의 그리스 시인 인용, 편견을 무너뜨리기 위한 탐 타란츠의 철학서 활용, 이것들이 모두 사전 전도에 해당한다.

좋은 소식을 위한 준비

C. S. 루이스는 첫 라디오 강연을 이렇게 시작했다. "누구나 사람들이 다투는 소리를 듣는다."[15] 계속해서 그는 우리는 누구나 옳고 그름에 대한 감각을 가지고 있으며 그것이 "우주의 의미에 대한 실마리"[16]라고 주장한다. 그는 다짜고짜 예수님에 대한 얘기로 시작하지 않고, 먼저 사람들이 가진 옳고 그름에 대한 감각에 호소한다.

학자였던 루이스는 라틴어를 사용하여 자신의 방식을 설명했다. "나의 복음 선포는 evangelium(좋은 소식 그 자체)이라기 보다는 praeparatio evangelica(좋은 소식을 위한 준비)이다." 루이스가 말하는 준비에는 사람들이 다음과 같은 확신을 하게 만드는 시도가 포함된다. "세상에는 도덕법이 있는데, 우리는 그것에 불순종하고 있다. 그리고 적어도 법을 정한 존재가 있을 가능성이, 또한 (속죄에 대한 기독교 교리를 덧붙이지 않는 한) 복음은 위로보다는 절망을 심어줄 것"[17]이다.

루이스에게 이 사실은 작은 문제가 아니었다. 그는 이 문제를 타협할 수 없는 시작점으로 강조하기 위해 여러 번 거듭해서 여러 방법을 사용했다. 자신의 전략을 BBC 방송국에 제안하는 편지에서 그는 이렇게 썼다. "내가 주로 하고 싶은 얘기는 자연법 또는 객관적인 옳음과 그릇됨에 관한 것입니다. 신약성경이 회개와 용서를 선포하는 것은 사람들이 이미 자연법을 믿고 있음과 그 자신들이 그 법에 불순종하고 있음을 알고 있다고 추정하기 때문일 것입니다. 우리는 현대 영국의 지금 이 시대에 신약성경의 그런 추정을 그대로 적용할 수 없습니다. 그래서 대부분의 변증이 너무 먼 단계에서 시작되는 것입니다. 첫 번째 단계는 죄책감을 생성하거나 회복하는 것이 되어야 합니다."[18] [주의점: 신약이 '항상' 그와 같은 추정을 하지는 않는다. 루이스 주장의 요지는 여전히 현대에도 효용이 있지만, 그의 신약에 대한 관점은 조금 정리가 필요하다.]

루이스는 전도자 지망자들에 대한 조언에서 이런 자신의 견해를 드러낸다. "내가 만난 가장 큰 걸림돌은 청중들의 정신에 죄의식이라고는 거의 하나도 없다는 것입니다."[19] 또 그 외에도 그는 넘어야 할 다른 여러 장애물과 깨부수어야 할 추정들이 있음을 보았다. 사람들은 권위를 신뢰하지 않는다.[20] 사람들은 그리스도인들이 정말 그것이 진리라고 믿어서가 아니라 그 신앙을 '좋아하기' 때문에 믿는 것이 아니라고 생각했다.[21] 많은 이들은 하나님께 순종해야 한다는 사실을 받아들이는 대신 하나님을 넘어 심판자의 자리에 서려고 한다.

그리고 1940년대의 영국에 이러한 우려가 적용되었다면 오늘날에는 더하면 더했지 적지는 않을 것이다.

사람들은 자신과 하나님 그리고 세계에 대해 어떤 전제(presuppositions 혹은 기본 가정)를 가지고 있는데, 그것들은 잘 드러내지 않는 일종의 믿음으로 작동하여 복음을 믿게 하기도 하지만 반대로 거부하게도 만든다. 어떤 가정은 복음을 받아들이게 하는 길을 연다. 그렇지 않은 가정이라면 무너뜨려야 한다.

예컨대 어떤 이가 자기 자신이 모든 진리의 원천이며 답을 찾기 위해 내면을 살피기만 하면 된다고 전제한다면, 그는 어떤 외부의 진리를 더 높은 권위로 받아들이기는 어려울 것이다. 그런 사람들에게는 성경을 단순히 인용하는 것만으로는 전도의 훌륭한 시작점이 되지 못할 것이다. 그것보다 그들의 사고에 내재한 모순을 지적하는 것이 도움이 될 수 있다. 또는 내면의 어떤 것들은 그들에게나 그들 주변의 사람들에게 좋지 않다는 점을 인정하게 돕는 방법도 있다. 건물을 세우기 전에 먼저 낡은 것은 허물어야 한다. 이에 관해서는 3장과 4장에서 더 언급할 것이다.

한번은 루이스가 이런 언급을 하였다. "영국이 이교로 빠져들고 있다고 무덤에 묻힌 사람들이 걱정한다면 나는 이렇게 대답하고 싶습니다. '과연 그럴까요.' 왜냐하면 역사가 보여주듯 이교도는 기독교로 개종 가능한 사람이기 때문입니다. 이교도는 기본적으로 예비 그리스도인이거나 반半그리스도인sub-Christian으로, 종교성이 있는 사람입니다. …… 그리스도인과 이교도는 '뉴스테이츠맨New Statesman'(1913년에 창간한 영국의 정치문화 잡지—옮긴이)의 저자들보다는 서로 공유하는 점이 더 많을 것입니다."[22] 오늘날의 세속주의자들은 '영적이지만 종교적이지는 않다'고 자칭하는 사람들보다 그리스도에게로 인도하기가 더 어렵다. 초자연적 현상에 대한 그들의 믿음은 상당히 수상쩍은 것들이긴 하지만, 과학을 배타적으로 의존하는 고집스러운 자연주의자들보다는 더 나은 시작점이 될 수 있다.

루이스가 행했던 라디오 강연의 메시지는 먼저 복음을 향한 길을 준비하라는 강조로 이루어졌다. 그가 본격적으로 예수님에 관해 이야기하기 전에 얼마나 많은 사람이 사전 강연을 들었는지 상상해보라. 그는 네 번째 강연의 말미에서 "나는 실제의 나 자신보다 속도를 더 빠르게 내지는 않을 것입니다. 나는 아직 기독교 신학의 하나님에게 백마일 정도도 다가가지 못했습니다."[23] 두 번째 시리즈에 가서도 그는 하나님에 관해(신학) 우리가 알고 있는 것이나 예수님(그리스도론)에 관한 우리의 믿음에 관한 이야기로 뛰어들기 전 먼저 우리가 알고 있는 것을 어떻게 알게 되었는지(인식론)를 다루는 데 힘을 썼다.

『순전한 기독교』와 전도에 관련된 대부분 책의 중대한 한 가지 차이는 그 책이 독자에게 무엇을 믿을지 그리고 왜 믿어야 하는지를 말하고 있다는 것이다. 루이스의 작업은 믿음을 향한 길 위의 장애물을 제거하고 믿음이 어떤 것인지 그림을 그리는 것이었다.

그렇다고 루이스가 직접적이고 단호한 전도의 중요성을 저평가했다고는 단정 짓지 말아야 한다. 그는 씨를 뿌리고 수확하는 작업이 모두 필요함을 인정했지만 자신의 재능은 씨를 뿌리는 쪽에 있다고 인식했다. 그는 이러한 방식이 균형을 잡을 것이라고 보았다. "나는 이상적인 전도팀이 논쟁을 하는 자와 복음 선포를 하는 자(단어의 의미 그대로 살려서)로 구성되지 않을 이유가 없다고 생각합니다. 먼저 논쟁자가 대상자의 지식이 가진 편견을 공격하도록 하고, 그다음 전도자가 적절히 믿음에 대한 매력을 호소하도록 하십시오."[24]

메이저리그 야구의 투수가 진화한 방식을 생각해보라. 요즘은 선발

출전한 투수가 게임의 마지막까지 투구하는 경우는 거의 없지만, 항상 그렇지는 않다. 완투 기록은 게임 방식이 변화했기 때문에 앞으로도 깨어지지 않을 것이다. 선발이 한두 회 던지고 나머지는 마무리 투수가 처리하는 것이 요즘 야구이긴 하지만, 우리는 선발 투수가 6회나 7회까지는 던져주길 바란다. 그들은 각자의 역할이 있고, 서로 다르게 던진다. 전문성이 다른 것이다. 그 둘의 전문성이 합쳐져야 게임에 이기게된다.

당신 자신의 전도와 사전 전도에 대한 역할을 생각해보라. 당신은 어떤 종류의 '투수'인가? 당신은 선발에 강한가? 아니면 당신은 복음의 메시지를 직접적으로 호소하는 것에 재능이 있는가? 어쩌면 그 둘 어디에도 확신이 없을 수도 있다. 이 책에서 나의 목표는 당신이 이 두 역할을 맡을 수 있는 능력을 개선하도록 돕는 것이다.

점진적인 단계

루이스가 사전 전도에 가치를 두었던 것은 그 자신의 회심이 점진적인 단계를 거쳤기 때문일 것이다. 그는 복음을 진지하게 고려하기 전에 먼저 길 위에 놓은 걸림돌을 치워야 했다.

이런 걸림돌의 일부는 지적인 것이기보다는 정서적인 것이었다. 19세기 작가 조지 맥도날드(George MacDonald, 1824-1905. 루이스는 그의 책에서 큰 영향을 받았다고 한다—옮긴이)의 판타지 소설『판타스테스Phantastes』를 읽었던 내용을 되새기며 루이스는 이렇게 말한다. "그 밤, 말하자면,

내 상상력에는 세례가 주어졌다고 할 수 있지만. 나의 다른 부분들은 시간이 더 오래 걸렸고, 그것은 자연스러웠습니다."[25] 맥도날드의 기독교 기반의 신화는 노르웨이 신화에 대한 루이스의 애정을 흔들어 놓았다. 첫 번째 파도는 그의 호감에서 시작했다. 그의 지성에 따라 두 번째 파도가 밀려왔다. 『판타스테스』를 읽은 후에는 동료 작가인 J. R. R. 톨킨(Tolkien 1892-1973, 영국의 작가. 대표 작품 『반지의 제왕』으로 알려졌다.-옮긴이) 같은 이들과의 대화가 있었다. 그런 과정에서 루이스는 생각이 바뀌었다.

사실 두 번째 파도는 연속적이었다. 처음 루이스는 무신론에서 유신론으로 그리고 후에는 기독교 신앙으로 옮겨 갔다. 초반의 변화는 그다지 기쁘지 않은 것이었다(그가 "가장 마지못한 회심"이라고 표현했던 것을 기억하라). 하나님이 존재하지 않고 세상이 의미가 없는 것이라면 고통에 대해 반대할 이유도, 아름다움을 끌어낼 근거도 없다는 논리에 루이스는 설득되었다. 그는 이렇게 인정했다. "내가 사랑했던 거의 모든 것들이 상상이라고 믿었습니다. 내가 진짜라고 믿었던 거의 모든 것들은 암울하고 무의미하다고 생각했지요."[26]

그 후 마침내 톨킨과 휴고 다이슨(Hogo Dyson 학자이자 저자)과의 운명적인 대담이 있었다. 그들은 옥스퍼드의 막달렌 칼리지에 있는 숲속 애디슨 산책로를 몇 시간에 걸쳐 돌며 이야기를 나누었다. 루이스는 평생 우정을 간직한 아서 그리브스Arthur Greeves에게 보낸 편지에서 그 운명의 밤을 이렇게 요약했다.

"디아슨과 톨킨은 내게 이렇게 제시했다네. 만약 내가 이교도의 이야기에서 희생에 대한 개념을, 또 자신을 희생하는 신에 대한 개념을 알게 되었다면 나는 전혀 개의치 않았을 것이다. …… 나는 그 이야기를 무척 좋아했고 신비롭게도 그 이야기에 감동되었지. …… 그 이유는 내가 이교도의 이야기들을 통해, 의미를 정확한 용어로 설명할 수는 없어도, 그 신화를 내 이해력을 넘어선 심오하고 도발적인 의미를 지닌 것으로 받아들일 준비가 되었기 때문이었지. 이제 그리스도의 이야기는 진정한 신화일세. 그것은 다른 신화들과 마찬가지 방식으로 우리에게 작용하지만 실제로 벌어진 일은 그것과 비견될 수 없이 엄청난 차이를 지닌 것이라네. ……"[27]

루이스가 처음으로 인정한 날은 바로 며칠 전 아서에게 보낸 편지에 서였다. "나는 방금 하나님을 믿는 신앙에서 그리스도를 믿는 신앙으로, 확실한 기독교로 옮겨갔다네. 이에 관해서는 다른 날 다시 설명하고자 하네. 디아슨과 톨킨과 밤늦도록 나눈 대화가 이에 상당 부분 관련이 있지."[28]

루이스가 처음 무신론에서 유신론으로 옮겨간 것을 "도망갈 기회를 사방으로 찾느라 눈을 굴린다"라고 표현하였던 반면, 그의 예수님에 대한 믿음으로의 회심은 평범해 보였다. "마지막 단계가 일어난 시점은 잘 알겠는데, 어떻게 그 일이 이루어졌는지는 잘 모르겠네. 어느 여름

아침 윕스네이드 동물원으로 운전을 하던 중이었어. 우리가 출발할 때만 해도 나는 예수 그리스도가 하나님의 아들임을 믿지 않고 있었는데 동물원에 도착했을 때는 믿고 있었네."[29]

루이스가 사전 전도의 필요성을 그다지도 역설한 것은 아마도 그 자신의 회심이 그러한 과정을 통했기 때문이 아닐까. 오늘날도 그와 같은 길을 필요로 하는 사람들이 여전히 많다.

씨를 뿌리고 열매를 거두는 일에 관해

하지만 사전 전도와 전도를 정확히 어떤 식으로 만나게 할 수 있는가? 하나를 마치고 다른 하나를 시작하게 하는 지점은 어디인가? 씨를 뿌리고 열매를 거두는 일에 관한 예수님의 가르침에서 도움을 얻어보자.

두 가지 일은 모두 추수에 필요한 과정이다. 하지만 그 둘은 다르다.[30] 예수님은 우물가의 여인과의 대화에서 씨를 뿌리는 모습을 시연하신 후에 이렇게 가르치셨다.

> "나의 양식은 나를 보내신 이의 뜻을 행하며 그의 일을 온전히 이루는 이것이니라 너희는 넉 달이 지나야 추수할 때가 이르겠다 하지 아니하느냐 그러나 나는 너희에게 이르노니 너희 눈을 들어 밭을 보라 희어져 추수하게 되었도다 거두는 자가 이미 삯도 받고 영생에 이르는 열매를 모으나니 이는 뿌리는 자와 거두는

자가 함께 즐거워하게 하려 함이라 그런즉 한 사람이 심고 다른 사람이 거둔다 하는 말이 옳도다 내가 너희로 노력하지 아니한 것을 거두러 보내었노니 다른 사람들은 노력하였고 너희는 그들이 노력한 것에 참여하였느니라"(요 4:34-38)

여기에서 4가지 요점을 찾을 수 있다. 먼저 씨를 뿌리고 열매를 거두는 서로 다른 작업은 각기 다른 사람에 의해 이루어질 수 있다. 두 번째, 예수님은 씨 뿌리는 작업을 '노력'해야 하는 것으로 부르신다. 세 번째, 거두는 자는 자신의 일을 하기 전에 먼저 다른 사람이 이룬 일에서 수확을 얻는 것이다. 네 번째, 우리는 이 두 가지 과정이 있어야 기뻐할 결과를 낳게 되리라는 기대를 할 수 있다.

20여 년 전 팀 다운스Tim Downs라는 작가는 수확의 즐거움은 기뻐하지만 파종의 '노력'(굳은 땅을 고르고, 잡초를 뽑아내고, 돌을 골라내고, 땅을 경작하고, 비료를 섞고, 상한 씨앗을 골라내며, 씨앗이 땅에 자리 잡도록 하는 것과 함께 아마도 농사를 짓지 않는 사람은 상상하지 못할 십여 가지의 다른 일들)은 매우 고되다고 여기는 농부를 상상해보았다. 그 농부는 씨 뿌리는 부분은 건너 뛰고 수확이라는 즐거운 부분만을 기대한다. 말이 안 되지 않은가? 다운스는 경고한다. "수확을 향한 열정을 가진 우리가 잊은 것이 있다면- 그 역할을 의도적으로 평가절하하는 것- 그것은 우리 세대를 위해 씨를 뿌려 둔 분들이 있었다는 것이다."[31]

사전 전도는 파종이라는 과업의 한 부분이다. 만약 우리가 뿌린 씨앗이 복음이라는 열매를 맺는 것을 보고 싶다면 그 열매 맺기를 위한 모든 준비 작업이 필수이다.

사전 전도를 뒷받침하는 이야기를 훨씬 더 많이 할 수 있다. 구약성경 전체가 사전 전도라는 주장도 가능하다. 메시아의 약속은 그것이 직접적인 예언이거나, 경고거나 미묘한 힌트이거나, 메시아가 마침내 당도하실 때 그를 영접하기 위한 길을 예비하는 것이다. 우리는 앞으로 이에 관해 더 많이 언급할 것이지만, 지금은 우리가 직접 사전 전도를 할 수 있는 방법이 무엇인지 생각하도록 하자.

하나님의 일하심을 새롭게 보자

사전 전도의 기술적인 방법을 배우는 일(사실 사전 전도야말로 발전시켜야 할 기술이지만 어렵기만 한 것은 아니란 점이 위로가 된다)은 우리가 거듭남에 이르기 훨씬 전부터 하나님께서 우리의 구원을 위해 대화와 행동 그리고 힌트를 통해 어떻게 길을 닦으셨는지를 보는 것에서 시작된다.

되짚어 생각해보자. 당신이 가졌던 선입견에 도전했던 사람들의 구체적인 말들을 기억하는가? 지금보다 더 나은 세상을 꿈꾸는 당신의 상상력에 불씨를 당겼던 글을 기억하는가? 구원의 갈망을 자극했던 노래나 이야기 혹은 영화가 있었을 것이다. 당신이 이전보다 훨씬 더 폭넓은 문제에 관해 사고하게 자극했던 철학이나 신학의 문제로 토론했던 대화가 있었을 수도 있다.

당신이 기독교 가정에서 자랐다면 부모님이나 조부모님의 삶에서 이미 사전 전도의 증거를 발견할 수 있을지도 모른다. 그런 경우가 아니라도 다른 그리스도인의 삶에서 하나님의 예비하심에 관한 증거를 찾아볼 수 있다.

많은 경우에 아주 작은 일들을 기억하거나 얼핏 동떨어진 사건들을 연결하기에는 시간이 걸린다. 나는 사람들의 이야기를 듣고 그들과 대화하는 데에 의식적으로 최소 45분 정도를 사용한다. 자신의 이야기에서 중요한 요소들을 한데 모으는 데에 대개의 사람이 그 정도의 시간이 필요하다. 전도할 때 자신의 간증은 간단히 나누도록-최대 1분에서 3분 정도- 해야 하는 건 확실하다. 그런데 하나님의 여러 은혜를 혼자 또는 다른 그리스도인들과 함께 점검해볼 때는 조금 더 여유를 가져야 할 것이다. 교회 공동체 모임에서 돌아가면서 이야기를 나누고 당신이 오래전 잊었던 일들을 각자 서로 꺼내어보는 시간을 가지는 것이 좋다.

하나님이 당신의 삶과 다른 그리스도인들의 삶에 어떻게 사전 전도식으로 일하셨는지에 대한 기억들을 모았다면, 그 다음에는 당신이 아는 비그리스도인과의 대화를 예상하면서 씨를 뿌릴 브레인스토밍을 시작하라. 그런 기억들이 당신에게 아이디어를 줄 것이다. 즉, 비그리스도인 친구들과 당신 자신(또는 부모나 친구)의 이전의 상태와는 어떤 유사점이 있는가? 당신이 걸었던 단계를 그들도 밟을 수 있게 당신이 도울 수 있는 방법은 무엇인가?

사전 전도를 위한 대화를 시작하는 다른 간단한 방법이 있다. 먼저 한 사람과 그와 나눌 하나님 나라의 한 면을 고르라. 그들이 예술과 미를 숭상한다면 우리의 세상이 이렇게 아름답게 만드신 분이 있음을 지적하라. 그들이 가족을 중요하게 여긴다면 하나님이 우리를 사회적인 존재로 만드셨음을 밝히도록 하라. 이러한 생각들을 대화 한 번에 하나씩 넣는다면 처음부터 일을 크게 만들 필요가 없다. C. S. 루이스가 했던 아레오바고의 대화와 같은 대화를 예수님의 죽음과 부활에 대한 토론으로 발전시켜주실 것을 하나님께 청하자(그것이야말로 바울의 선포가 최종 도달한 지점이다. 사도행전 17장 31절을 참조).

이 훈련은 아직 시작에 불과하다. 앞으로 사전 전도의 전략에 대해서 더 탐색하게 될 것이다.

루이스의 경우, 사전 전도는 신화에 관한 대화의 형태로 나타났다. 나에게 사전 전도는 아름답지만 실망스러웠던 일련의 음악 콘서트였다. 내 친구 톰의 경우엔 철학이었다. 당신의 경우엔 어떤가? 당신의 친구들은 어떠했는가? 일상적인 경험에서 대화의 시작점을 찾아보라. 그리고 하나님께서 어떻게 그것들을 놀라운 방법으로 사용하실지 기대하라.

◇02◇ 복음의 단서에 호소하라

　북아일랜드의 벨파스트를 여행한다면 C. S. 루이스의 삶에서 정말 중요했던 장소들을 방문하면 좋겠다. 거기에는 나니아 연대기에 대한 상상을 불어 넣어주었던 그의 소년 시절 집이었던 리틀 리(Little Lea, 루이스의 어린 시절 행복했던 추억이 서린 곳—옮긴이)와 캠벨 학교(Campbell College 입구에 세워진 가로등이 눈에 띈다), 할아버지의 교회(사자 형상의 문고리가 있는), 그리고 루이스를 상상해볼 수 있게 당신의 감각을 확장 시켜주는 다른 장소들이 있다. 가이드를 대동하거나 혼자 관광하거나 사람들은 루이스가 태어난 집, 던델라Dundela를 거치게 되는데 대개는 실망한다.

　루이스의 첫 집은 1953년 헐렸고, 그 자리에는 별 특징 없는 아파트가 들어서 있다. 아파트의 옆에는 작고 둥근 안내문이 있는데, 〈C. S. 루이스, 1898-1963, 작가이자 기독교 변증자, 이 자리에서 태어나다.〉

라고 씌어 있다. 그것이 그와 그 장소를 연결하는 유일한 증거물이다. 그곳을 찾기도 어렵고, 주차장도 갖춰있지 않은 데다가 그 안내문을 보려면 복잡한 길을 건너야 한다는 걸 염두에 둔다면 많은 사람이 굳이 거기에 가볼 필요가 있을까 싶다.

하지만 샌디 스미스라는 벨파스트의 오랜 거주자이면서 루이스의 열렬한 팬이 이끄는 투어에 참여한 사람들은 그렇게 생각하지 않는다. 샌디는 흥미 있는 이야기와 우스꽝스러운 일화에 덧붙여 『예기치 못한 기쁨Surprised by Joy』과 『나니아 연대기』의 구절을 섞어서 설명하기 때문에 몇 시간이라도 그의 이야기를 듣고 싶다는 생각이 들게 만든다. 사실 내가 참여했던 관광단도 그 작고 둥근 안내문 밑에서 루이스의 기쁨에 관한 첫 추억에 관한 그의 이야기에 푹 빠져서 듣게 되었다.

루이스는 기쁨이 "내 인생의 중심되는 이야기"라고 표현했다.[32] 그렇다고 그 기쁨을 행복의 한 종류라고 생각하지 말라. 루이스는 여러 곳에서 그러한 기쁨은 "평생 간직한 향수" 즉 연모라는 뜻을 가진 독일어 젠쥬트Sehnsucht와 비슷한, 일종의 자청한 아픔이라고 묘사했다.[33] 누구나 아름다운 뭔가를 보거나 아름다운 음악을 들을 때 다른 세상으로 간 듯한 느낌을 받는다. 또 좋은 이야기가 있는 책 속에 뛰어 들어가 돌아오고 싶지 않을 때도 그런 느낌의 힌트를 얻는다. 제대로 설명하긴 어렵지만 그것은 이성적인 개념보다는 경험, 의식적인 깨달음이 아닌 잠깐 스치는 감각에 더 가깝다. 루이스는 이렇게 보았다. "우리는 대개 환상의 순간이 스러지거나, 음악이 끝날 때 혹은 어떤 광경이

천상의 빛을 잃어갈 때처럼 그 순간을 알아채게 됩니다."[34] 그는 '영광의 무게'라는 설교에서 이 느낌을 더 확장하여, "우리가 찾지 못한 꽃의 향기, 듣지 못했던 선율의 울림, 가보지 않았던 나라에 대한 뉴스"라고 묘사했다.[35] 그는 기쁨을 "그것은 어떠한 만족감보다 더 만족감을 주는, 만족 되지 않은 갈망"으로 묘사했다.[36]

루이스는 그런 갈망이 기쁨이라고 했다. 나는 그런 느낌을 사모함이라고 생각하려 한다. 그것은 우리가 무시할 수도 없고 적어도 이 세상에서는 만족시킬 수도 없지만, 우리의 마음속에 존재하는 갈망이다. C. S. 루이스를 이해하기 위해서는 먼저 그러한 기쁨을 이해해야 한다. 기쁨을 이해하는 것은 모든 기쁨의 원천과 함께 하는 기쁨을 찾는 자들을 연결하는 놀라운 기회를 여는 것이며, 그것이 이 책의 목적이다.

샌디 스미스는 그 작고 동그란 알림판 아래에 서서 루이스가 『예기치 못한 기쁨』 도입부에 했던 일화를 들려주었다. 그의 형, 와니Warnie는 "장난감 정원이나 숲을 만들겠다고 나뭇가지와 꽃으로 장식하고 이끼로 덮은 비스킷 깡통을 가지고" 들어왔다. 루이스의 가족은 미술에 대해서는 가치를 두지 않았거나 집의 벽을 그림으로 장식할 재정적 여유가 없었다. 그래서 루이스의 가정 환경은 두 어린 소년의 흘러넘치는 상상력을 뒷받침해주지 못했다. 루이스는 이렇게 말했다. "진짜 정원은 없었지만 장난감 정원이 그 일을 대신했습니다."[37] 루이스는 비스킷 상자로 만든 작은 정원에서 그의 전 생애를 관통하는 '기쁨'을 만날 무대를 만든 경험을 하였다. 가이드가 설명한 그 이야기는 우리의 마음에도 기쁨의 불꽃을 당겼고, 루이스를 더 잘 이해하게 되면서 기쁨을 더 깊이 음미하게 도와주었다.

기쁨에 대한 루이스의 경험은 신화를 읽고, 긴 산책을 하며, 시를 쓰고, 친구들과 웃음을 터트리며, 바그너를 듣고, 차를 마시는 여러 가지 형태로 나타났다. (그는 한번은 친구에게 이런 말을 하기도 했다. "내가 만족할 정도로 큰 찻잔이나 두꺼운 책을 찾지는 못할 걸세."[38]) 기쁨은 어디에나 있었다. 그와 마찬가지로 루이스는 회심한 후로 복음의 단서를 어디서나 쉽게 찾았다. 월터 후터Walter Hooper라는 루이스의 비서이자 절친한 친구에 의하면 루이스는 "내가 만났던 중 가장 철저하게 회심한 사람"이었다.[39] 이제 삶의 모든 부분을 복음의 렌즈를 통해 보게 된 그는 결국 이렇게 적었다. "태양이 뜨는 것을 내가 봤기 때문에 믿는 것이 아니듯이, 나는 어디에서나 기독교 신앙을 보기 때문에 믿습니다."[40]

루이스는 사모함longing이라는 고통을 느꼈고, 그 통증이 어느 날 완전히 치유될 곳이 있음을 이제 알게 되었다. 그는 채워지지 않은 갈망은 실은 다른 세상, 십자가로 완수된 그 일로 인해 마침내 닿게 된 세상을 가리키는 신호였음을 깨달았다. 루이스는 전도자들에게 이런 사고방식으로 다른 이들을 전도할 시작점을 여럿 제공한다. 기쁨의 이러한 불꽃은 더 큰 무엇인가를 위한 '단서'라고 그는 판단하였다.

구약성경: 테피스트리에 담긴 단서

'이것 참 좋군. 잘 됐어. C. S. 루이스가 그런 적극적인 상상력을 가지고 있었음이 고마워. 하지만 일상생활과 복음 사이에 연관성이 많이 있는지 나는 잘 모르겠어.'라고 당신은 생각할지 모른다. 그럴 때, 언제나 그렇듯이 성경이 우리를 돕는다. 성경에는 그 안에 적힌 글 너머로 "하나님의 영광으로 가득한"[41] 세상을 만드신 분을 가리키는 단서들로 가득하다. 성경이 그 모델로, 사전 전도 전략의 화살집에 추가할 가치가 있는, 단서에 기초한 변증론을 장려한다.

먼저, 구약은 미래지향적이다. 성경의 예견과 예언은 그것이 이루어질 것을 우리가 기대하게 만든다. "이것은 저것을 가리킨다"라는 패턴이 교직 되어 있다. 어떤 사건들은 완전히 끝날 때까지 끝난 것이 아니라는 느낌을 준다. 예컨대 창세기 22장에서 아브라함은 하나님의 지시에 따라 자기 아들 이삭을 희생 제단에 올렸다. 이는 아버지에 의해 드려진 다른 아들을 우리에게 알려준다. 하나님은 이삭의 자리에 대신 올릴 양을 제공하시면서 예수님의 역할이 하나님의 어린 양임을 알려주신다. 이야기는 아직 완성되지 않았다는 느낌을 주면서 진행된다. 창세기 22장 14절이 미래 시점으로 되어 있음에 주목하라. "아브라함이 그 땅 이름을 여호와 이레라 하였으므로 오늘날까지 사람들이 이르기를 여호와의 산에서 준비되리라 하더라." 아직 오직 않은 미래에 대한 이 놀라운 드라마의 장래 성취를 말함이었다.

구약의 이야기에는 다소 이상해 보이는 것들이 있다. 그래서 계속 읽어가다 보면 어떤 결말이나 해석이 나올지 궁금해진다. 이스라엘 백성이 하나님에게 반역하여 독을 품은 뱀을 통해 심판을 경험하자, 모세는 놋뱀을 만들어 장대 위에 높이 달고 고개를 들어 그 뱀을 본 사람들은 죽을 처지에서 벗어날 수 있게 했다(민 21:4-9). 만약 이 이야기가 높이 들리신 크신 구주를 가리키는 단서가 아니라면 그것이야말로 이상하겠다.

둘째, 구약성경은 상징적인 면을 가지고 있다. 물리적인 것은 영적인 실재를 가리킨다. 시편 기자는 "하늘이 하나님의 영광을 선포하고"(시 19:1)라고 선포한다. 하지만 하늘의 별들을 언급하는 것만은 아니다. 하늘은 하나님의 손가락이 만들어낸 작품이다(시 8:3). 하나님의 말씀을 읽으면 읽을수록 우리의 눈은 보이는 것 너머의 보이지 않는 것을 보는 훈련을 받게 된다. "이것이 저것을 가리키는" 방식이 그 규모가 웅대해지는 것이다.

전도서에는 대개는 실망이라는 형태로 더 많은 단서가 주어진다. 전도서의 저자이자 전도자는 일을 많이 하고 지혜와 즐거움을 구하여 여러 건축을 하였으며 미와 부유함을 소유하고 갖가지 모험을 일삼았으나 오직 허무와 절망을 느낄 뿐이었다. 그는 모든 것이 무의미한 것이 아닌가 의심한다. 그래서 "범사에 기한이 있고 천하 만사가 다 때가 있나니"(전 3:1)라는 깨달음을 얻고는 "하나님이 모든 것을 지으시되 때를 따라 아름답게 하셨고 또 사람들에게는 영원을 사모하는 마음을 주셨느니라"(3:11)라고 결론을 맺는다. 전도자는 다른 방향을 가리키는 단서를 보면서 완전히 무의미하다는 헛된 결론을 맺을 수는 없었던 것 같다. 그는 이 질문을 가지고 수백 구절에서 씨름하면서 답을 찾다가 마치 "해 아래 모든 것"을 찾는 덫에 걸린 듯 하지만, 결국에는 다음과 같은 결론을 향해 (독자들에게는 크게 안심이 되는) 갈 수밖에 없었다.

> 일의 결국을 다 들었으니 하나님을 경외하고 그의 명령들을 지킬지어다 이것이 모든 사람의 본분이니라 하나님은 모든 행위와 모든 은밀한 일을 선악 간에 심판하시리라 (전도서 12장 13-14절)

전도서가 주는 핵심 교훈은 바로 이것이다. "해 아래"를 샅샅이 뒤져봐야 소용없다. 눈을 들어 하나님을 보아야 만족하게 된다. 그렇다고 "해 아래"의 인생이 중요하지 않다는 것은 아니다. 전도자는 또 이런 말도 한다. "사람들이 사는 동안에 기뻐하며 선을 행하는 것보다 더 나은 것이 없는 줄을 내가 알았고 사람마다 먹고 마시는 것과 수고함으로 낙을 누리는 그것이 하나님의 선물인 줄도 또한 알았도다"(전 3:12-13).

C. S. 루이스는 "첫 번째와 두 번째 일"을 설명하여 우리가 이 주제를 이해하도록 돕는다. 첫 번째 일들은 영원한 것들로, 하나님의 나라와 왕이신 하나님을 아는 것이 그것이다. 두 번째 것은 그 외 거의 모든 것들이다. 루이스는 "두 번째 것을 앞에 둔다고 우선순위를 바꿀 수는 없다. 첫 번째를 맨 앞에 두어야 두 번째 것을 얻을 수 있다."[42]고 말했다.

그럼에도 우리는 종종 두 번째 것을 앞서 둔다. 누구나 어느 정도는 만족할 수 없는 것에서 만족을 구한다. 하지만 하나님이 우리의 마음에 "영원을 사모하는 마음"을 두셨기 때문에 우리는 그 영원을 추구할 수밖에 없다. 비극은 우리가 두 번째 것에서 그 영원을 찾는다는 사실이다. 우리는 오직 영원한 것만이 줄 수 있는 것을 사라질 것들이 줄 수 있다고 생각한다.

이 일시적인 두 번째의 것들은 우리를 실망하게 만들며, 그것은 필연적으로 그렇게 될 수밖에 없는데, 우리는 그러한 사실에 무너진다. 사람들이 그 실망감을 경험할 때, 복음은 한때는 잃어버렸던 것이지만 마침내 찾게 된 좋은 소식으로 들릴 수 있다. 두 번째 것들은 첫 번째 것을 찾게 만드는 역할을 한다. 이것이 루이스가 기쁨의 불꽃이 복음의 단서가 된다고 말하는 이유이다.

신약성경: 마음에 놓은 단서들

사도행전 14장에는 전도에 사용할 수 있는 단서들이 있어 도움이 된다. 바울과 바나바는 그리스 신들을 경배하는 사람들에게 진정한 하나님을 알려준다. 그들은 다리를 저는 사람을 고쳐 주었지만 군중은 그 치유의 능력을 전능하신 하나님의 것으로 돌리지 않았다. "바나바는 제우스라 하고 바울은 그 중에 말하는 자이므로 헤르메스라 하더라 시외 제우스 신당의 제사장이 소와 화환들을 가지고 …… 제사하고자 하니"(행 14:12-13). 바울과 바나바는 그런 제물은 아무것도 받지 않았을 것이며, 사람들에게 "허무한 것들"에서 돌아서라 말했을 것이다. 그러나 그때 그들은 무리들이 예상치 못한 방향을 지적했다. 그들은 유대교 회당에서 했던 것처럼(13:16–43) 성경의 말씀으로 가르치거나, 아레오바고에서 행했던 것처럼(17:28) 그리스 시인을 인용하지 않고, "하늘로부터 비를 내리시며 …… 음식과 기쁨으로 여러분의 마음에 만족하게 하셨느니라"(14:17)라고 말했다. 마치 바울이 "이런 좋은 선물이 전부 어디에서 온 것이라고 생각하십니까?"라고 아테네 사람들에게 묻는 것 같다.

이교도(거짓 신을 경배하는 구원 받지 못한 사람들)에게도 그 마음에 기쁨이 있을 수 있음을 바울이 인정했다는 사실을 놓치지 말라. 나는 바울과 C. S. 루이스가 '기쁨'이라는 단어의 사용법이 달라서 혼란이 온다는 것을 알게 되었다. 바울에게 있어 기쁨은 음식처럼 삶에 필요한 좋은 것들을 취함으로써 오는 행복감이지만, 루이스에게 기쁨은 음식이 없어진 후에도 남아있는 사모함이다. 우리의 목적을 위해서라면 두 가지 모두 맞다. 우리의 목적은 좋은 것들이 어떻게 최고의 것을 가리킬 수 있는지 사람들에게 보여주려는 것이기 때문이다.

사도행전 14장에 나타나는 바울의 접근법은 기쁨에 기초한 변증법으로, 불행에 기초한 변증법과는 분명히 대비된다. 그 둘은 서로 적용할 대상이 다르다.

불행에 기초한 변증법은 이런 식이다. "하나님에게서 멀어진 당신의 삶은 불행하지 않습니까? 당신은 인생에서 단지 소유와 경험만이 아닌 더 많은 것을 원하지 않습니까?" 사실 이런 방식은 요한복음 4장에서 나타난 대로 예수님이 우물가의 여인에게 취하신 접근법이다. 그런데 어떤 사람들은 하나님으로부터 멀어져도 불행하다고 느끼지 않는다. 적어도 아직까지는! 그런 이들에게는 기쁨에 기초한 변증법이 더 잘 들어맞을 수도 있다. "식물들이 저렇게 저절로 자라나서 우리가 그 열매를 먹을 수 있는 건 얼마나 놀라운 일인가! 이것들이 얼마나 대단한 선물인지 생각해보았는가?"

좋으신 하나님이 공급하시는 즐거움들과 하나님에게서 멀어진 삶에서 오는 실망감, 이 둘은 모두 사람들을 하나님께로 돌릴 단서가 될 수 있다.

다른 세상을 위해 지어진 사람들이 있다

나는 앞서 모든 사람이 사모함이라는 고통을 느끼는 것은 아니라고 했다. 그러니까 이 전도 방법이 누구에게나 통하는 전략은 아니라는 뜻이다. 그래도 나는 지금보다는 더 많이 이 전략을 구사해야 할 것이라고 확신한다.

얼마 전 혼자 점심을 먹으려고 붐비는 대학 구내식당에 앉아 있었다. 강의 시간 사이에 혼자만의 시간이 필요했기(혹은 그렇게 생각했기) 때문이다. 나의 내성적인 면을 채워주는 충전 시간을 가지려는 나의 바람은 한 사내의 질문으로 깨어져 버렸다. "같이 앉아도 실례가 되지 않을까요? 이 넓은 식당에 빈자리가 없네요." (하나님이 계산하신 나의 내면성의 정도는 내 생각과는 달랐던 모양이다.) 대화를 시작한 우리는 여러 가지 점에서 공통점을 발견했다. 우리는 둘 다 주변의 대학교 재학생들보다

나이가 많았다. 나는 캠퍼스 사역 단체의 일원이었으며, 그는 대학에서 은퇴한 시민들에게 제공하는 무료 청강의 기회를 얻으려는 사람이었다. 우리는 둘 다 유대인 배경을 가지고 있었고, 모두 평생 독서와 배움을 즐겼다.

그는 내 신앙에 대해 듣고는 "어떻게 그런 믿음을 가지게 되었죠?"라고 물었다. 나는 소망과 실망에 중심을 둔 내 이야기를 나눠보기로 했다. 그에게 나는 고등학생과 대학생일 때 술에 취해 살았고 술이 깨고 나면 늘 공허했다고 고백했다. 또 이제 계속 내가 놓치고 있는 어떤 것을 찾으려 한다고 말했다. 그리고 나의 음악 사랑과 그 많은 콘서트도 역시 나를 공허하게 만들었을 뿐이라고 이야기했다. 덧붙여 내가 믿었던 유대교는 더 깊은 좌절로 몰고 갔다는 점을 인정하였다. 유대교에서는 내가 하나님을 충분히 기쁘게 할 수 있다고 절대 느낄 수 없었다.

다음으로 나는 C. S. 루이스의 『순전한 기독교』에 대해 이야기했다. (내 새 친구는 자신이 나니아 연대기 시리즈를 전부 읽었다고 했다.) 나는 실망감이 어떻게 다음의 세 결론 중의 하나로 이끌게 되었는지 말했다. 하나는 끝없이 쾌락만 추구하는 것이며, 또 하나는 자포자기형 냉소이다.

그 지점에서 그는 마치 교실에서 학생이 하듯이 손을 들었다. 어색하긴 했지만 그에 맞추어 나도 그를 지명했다. "그게 바로 납니다." 그는 주변 식탁의 사람들이 놀라서 쳐다볼 정도로 큰 소리로 말했다. "나야말로 냉소자이죠!"

"나도 그래요!" 나는 우리 대화에 프라이버시를 지키고자 조금 목소리를 낮게 깔고는 이렇게 덧붙였다. "C. S. 루이스는 실망감을 다루기 위해 세 번째 선택지를 제공하고 있어요." 나는 다른 세상을 사는 사람들과 예수님이 어떻게 그 세상으로 통하는 문을 여셨는지에 대해 한 십분 동안 얘기를 나누었고 그는 내 말을 집중해서 들었다.

그러다 그는 갑자기 시계를 보더니 다음 강의에 들어가야 할 시간이라고 했다. 그는 내가 얘기했던 그 책의 이름이 뭐냐고 물었다. "순진한 기독교라고 하셨나요?" "아니요, 순진이 아니라요 순전이요." 내가 답했다. 그는 그 책을 읽어보겠노라고 말했다. 그 후 그를 위해 기도하고 있다.

충족되지 못한 갈망과 이 기쁨이라는 개념을 연관 지어 보라. 당신이 다른 세상을 위해 창조된 것이 아닌지 생각되었던 순간이 있지 않았는가? 그런 순간은 음악에서, 혹은 어떤 이야기나 어떤 경험을 통해서 올 수도 있으며, 어떤 장소가 그러한 생각을 불러일으키기도 한다. 그러한 계기나 순간들을 표면으로 끌어올려 보라. 다른 사람들이 속한 세상을 이해하는 데 도움이 될 것이다.

이런 과정은 복음을 부드럽게 제시하는 것 이상의 의미가 있다. 자신이 다른 세상을 위해 지어졌음을 깨닫지 못한 이들은 차순위의 것들에 애정을 쏟는다. 비극이 아닐 수 없다. 루이스는 "우리가 아름다움이 존재한다고 생각하는 책이나 음악은 우리의 그것들을 믿는다면 그것들은 우리의 신뢰를 저버릴 것입니다. 아름다움은 그것들 안에 있는 것이 아니라, 그것들을 통해 온 것이니까요. 그리고 그것들을 통해서 온 것은 사모함이었습니다. 아름다움과 우리 자신의 추억, 이 같은 것들은 우리가 실제로 갈망하는 것을 투영한 선한 이미지입니다. 하지만 만약 이미지를 그것 자체로 오인한다면 그것들은 우상이 되어 숭배자들의 마음을 아프게 합니다."[43] 부차적인 것을 우선하는 사람들에게 복음을 전할 때 우리는 자신들의 우상에 의해 마음이 무너진 사람들에게 자유함을 제공하는 것이다.

그럼에도 이런 접근법에 약점이 있음을 인식해야 할 필요가 있다. 어떤 사람들은 사모함에 호소하는 루이스의 전도 전략을 비판하는데, 죄의 심각성을 과소평가한다는 면에서 이러한 비판은 적절하고 공정한 것이다. 사람들을 하나님께로 관심을 돌릴 단서를 제공할 때 우리가 하나님에 관해 알고 있는 지식을 정교하게 만들어야 한다. 하나님은 거룩하시며 죄를 심판하시는 분이다. 우리는 그를 사모하면서도 그에게 반역한다.

그러나 이러한 접근에는 역설적인 이점이 있다. 단서가 증거는 아니다. 단서가 문제를 완전히 해결하지 않는다. 단서는 주장하기보다는 제시한다. 단서는 어떠한 것에 복종을 요구하기보다 고려해볼 것을 권한다. 그렇게 함으로써 단서는 실제로는 시도한 것보다 더 많은 것을 성취할 것이다. 우리가 하나님의 존재나 예수님의 부활 또는 성경의 역사성에 대한 '증거'를 가지고 있다고 사람들에게 말한다면 오히려 반발을 사게 된다. 어떤 사람은 단 하나의 허점을 찾아 그것으로 자신의 완벽한 거절을 정당화하기 위한 '증거'로 삼을 것이다.

내가 비그리스도인 친구와 『순전한 기독교』에 대해 토론을 할 때 그는 내게 넉 장짜리 반박문을 보여주었다. 예컨대, 루이스가 "이기심은 결코 찬탄받은 적이 없습니다"[44]라고 한 것에 대해 내 친구는 이렇게 반박했다. "자신의 욕심을 한껏 부풀리는 사람과 이기심을 보상하는 문화가 떠오르는군."

나는 순간적으로 당황했지만, 이렇게 제안했다. "맞아. 하지만 루이스는 대체로 진리인 일반 명제를 말하고 있다는 것을 기억하게. 그가 그런 말을 했던 곳은 결국 짧은 라디오 프로그램 아니었나. 그는 그 시간에 정교한 철학적 논제를 구성하려고 했던 것은 아니란 말일세. 대부분 사람이 이기심은 나쁘다고 생각한다는 것에 자네도 동의하지 않나? 사람들은 대부분 관대하려 노력하지만 그러지 못하는 것 아니겠나?" 그는 나의 이 말에 동의했다. 루이스의 개념을 '증거' 대신 '단서'를 제공하는 것으로 보는 것으로 그는 자신의 반대 논리에서 벗어날 수 있었다.

이런 접근법에 대해 루이스의 절친 중 한 명이었던 오스틴 파러(Austin Farrer 1904~1968, 영국 성공회 신학자)는 이렇게 생각했다. "우리는 논쟁을 듣고 있다고 생각하지만 실은 우리는 비전을 제시받는 것이며, 그 비전에는 확신이 동반된다."[45]

단서를 찾는 법

전도를 위해 대화의 물꼬를 틀고자 할 때 루이스가 사용한 방법을 따라 할 수 있는데, 그렇지 않으면 대화가 산으로 가거나 잘못하면 아예 시작도 못 할 수 있다. 다음에 나는 기쁨과 사모함을 어떻게 사용하여 대화를 시작할 것인지에 대한 세 가지 제안을 하겠다.

먼저, 기존에 당신이 기독교의 렌즈를 통해서 '모든 것'을 보던 곳이 어딘지 찾으라. 하나님의 창조에서 당신에게 가장 밝게 빛나는 부분은 어떤 곳인가? 당신은 스펙트럼에서 아름답거나 예술적인 디자인을 보는 경향이 있는가? 아니면 과학적이고 사실적인 면을 중요하게 여기는가? 당신이 어떤 것을 보고 (혹은 읽거나 듣거나 배우거나 생각할 때) 누군가와 그 감동을 나누고 싶은 때는 언제인가?

왜 어떤 것이 더 많은 암시를 준다고 생각하는지 그 이유를 탐색하라. 당신은 거대한 나무를 볼 때, 웃기는 이야기를 들을 때, 하나님에 관한 생각을 불러일으키는 수학 문제를 연구하는 것에서 그런 지점을 발견하는가? 당신을 끌어당기는 것은 하나님의 능력인가 그의 창조성인가 아니면 그의 영광인가? 하나님이 날마다 주시는 선물에 대한 감격의 순간들을 더욱 찾으라. 그렇게 하면 비그리스도인 당신의 지인들과의 공유 기반과 그 범위를 더 확장할 수 있을 것이다. "노을이 참으로 아름답지 않아?" 이렇게 말하고 다음과 같이 덧붙일 수 있겠다. "우리가 이렇게 아름다움에 사로잡히는 이유가 뭐라고 생각해?" 다른 믿음을 가진 사람들과 식사를 맛있게 하고 난 후 그런 풍성함을 공급하신 하나님에 관한 대화를 이어갈 수도 있다.

둘째, 당신의 지인과 당신이 아는 하나님을 연결할 시작점에 대해 브레인스토밍하라. 그 친구들과 현재 공유하는 공통의 관심 분야는 무엇인가? 스포츠? 정치? 식물 가꾸기? 가족 문제? 골프? 하나님의 일반 은혜와 그 주제들이 교차 되는 지점은 어디인가? 스포츠는 인간의 신체를 이토록 경이롭게 만드신 창조주에게로 관심을 돌리게 할 수 있으며, 정치는 다른 사람들과 조화를 이루며 살도록 하신 하나님의 설계를 지적할 수 있다. 또 식물 가꾸기는 다양성과 눈부신 색을 사랑하시는 하나님에 대한 힌트를 제공할 것이며, 가족 문제는 친밀함과 사랑에 감사하도록 초대한다. 마지막으로 골프를 보자. 당신이 만약 나처럼 골프광이라면 죄로 인한 타락과 지옥의 공포를 실감나게 빗댈 수 있을 것이다!

당신 주변의 사람들이 마음에서 기쁨을 찾는 곳은 어디인가? 그 기쁨이 어디에서 오는지 궁금하게 만들도록 그들을 돕는 방법은 무엇인가? 내 그리스도인 친구 하나는 자신의 이웃을 전도하기를 원했지만 그들이 성경 공부에 올 것 같지는 않았다. 그래서 그는 책 나눔에 그들을 초대하였다. 누구든지 자신이 좋아하는 책을 가지고 와서 좋아하는 이유를 나누는 방식이었다. 그는 음식과 음료가 풍성하고 즐거운 저녁으로 만들었으며 여러 대화가 시작되었다. 그날 밤에는 복음을 전하지 않았다. 그 이후에 복음에 관련된 대화를 할 기회를 많이 얻었다. 그들의 책이 보다 웅대한 이야기로 넘어갈 단서가 되어주었기 때문이다.

마지막으로, 단서를 모아두는 메뉴판을 개발하라. 일단 찾기 시작해보면 이 세상 여러 곳에서 다른 세상의 증거를 찾을 수 있다. 먼저 성경의 이야기들을 떠올리고, 거기에 접목된 단서를 찾아보라. 예를 들어 다음과 같은 것들이 가능하겠다.

- 창조: 물리적 피조물 안에서 아름다움과 질서를 찾기는 어렵지 않다. 자연 세계의 어떤 단서가 하나님을 창조주로 가리키는 데에 도움이 될 수 있을까?
- 타락: 불행히도 인간의 반역에 대한 증거는 차고 넘친다. 노래와 영화들이 인간 심중의 사악함을 표현한다.
- 구원: 당신은 구속자 혹은 구원자에 대한 이야기를 어디서 찾는가? 수퍼히어로가 등장하는 영화에서 시작해보라.
- 완성: 구원을 위한 탄원이나 새로운 세상을 향한 사모함은 조금만 생각해보아도 폭넓게 찾을 수 있다.

친구들과 기쁨에 기반하고 단서로 가득한 대화를 이끌어가면 그들의 "평생의 향수가 …… 더는 신경망에서 만들어진 환상이 아니며, 실제 상황에서 가장 진실한 색인index임을 그들이 보게 도울 것이다. 그리고 그들 내면에 최종적으로 소환될 것은 [자신의] 장점을 넘어선 영광과 영예와 함께 오래된 상처의 치유일 것이다."[46]

⟨03⟩ 반대의견을 존중하라

"잠깐만! … 자네가 말하는 야성은 무엇이고 또 그것을 기대하지 않았던 근거는 무엇인가?"[47] 이 말은 C. S. 루이스가 자신의 새 선생, W. T. 커크패트릭Kirkpatrick을 처음 대면했던 자리에서 받았던 인사였다. 루이스는 사실 그냥 잡담처럼 하려던 것뿐이었다. "나는 사실 서리(Surrey, 영국 남부의 마을)의 경관에 놀라던 중이었다. 내가 예상했던 것보다 훨씬 더 거칠었기 때문이다." 그 '위대한 질문자'The Great Knock(루이스는 늘 그를 그렇게 불렀다)는 가장 사소한 주제에 대한 가장 단순한 생각에서도 자신의 새 제자를 자신의 질문으로 끌어들였다. 루이스는 그리스도인이 되기 한참 전 커크패트릭의 훈련을 받으면서 그의 일생을 특징짓는 논리적 기술을 연마하였다. 커크패트릭은 어리석은 종교에 쓸 시간도 아까워하는 무신론자였으며, 그 두 사람이 내다 볼 수 있던 훨씬 더 많이 루이스의 사상과 태도에 영향을 미쳤다.

그리스도인이 된 루이스는 청년 시절 연마했던 것과 같은 기술과 논리를 적용하여 하나님과 예수님, 믿음과 성경, 그리고 복음에 반대하여 제기된 반대론에 관해 깊이 생각했다. 그 위대한 질문자는 모든 주제에 관한 논쟁에서도 루이스를 강하게 훈련했고, 결과적으로 루이스는 어떤 의견충돌에서도 절대 움츠러들지 않게 되었다. 그가 자신의 변증론에 관한 첫 책인 『고통의 문제The Problem of Pain』에서 가장 힘겹다고 여겨지는, 믿음에 반박하는 주장을 그 목표로 삼게 된 이유는 그래서였다.

『순전한 기독교』라는 책이라는 결과물을 만들게 된 짤막한 라디오 방송 강연에서조차 루이스는 많은 전도자가 가능하면 멀리 떨어져 있으려는 문제를 과감히 탐색했다. 사실 일부 전도 훈련 프로그램에는 지적인 질문들을 빨리 사라져야 할 '연막'으로 치부하려는 의도가 명백하다. 그들은 소위 '단순한 복음'을 공유하는 것이 더 중요한 과제이며, 이 일을 더 잘하는 것이 좋다고 주장한다. 반대로 루이스 자신의 회심-활발한 지적 토론을 통해 이루어진-은 회의론자들의 지적 의문에 대해 깊은 존중이 있었다. 그는 절대 반反이성이라는 덫에 빠지지 않았는데, 불행히도 오늘날 많은 그리스도인이 그렇지 못하다.

『순전한 기독교』에서 루이스는 부활, 악마의 실재, 악의 본성, 자유의지, 재림, 성 그리고 심지어는 프로이트 심리학과 같은 어려운 주제와 대결한다. 루이스는 "단순하게 하라"는 전략을 선택하지 않았다. 왜냐하면 삶이나 또 생명의 저자에 대한 믿음이 단순하지 않다는 걸 알기 때문이었다. 확실히 우리 모두는 자신의 믿음을 분명하고 핵심적으로 표현하는 방법을 알아야 한다. 그러나 명쾌한 표현과 얄팍한 신학을 혼동해서는 안 된다.

루이스가 방송을 네 번째 시리즈를 시작할 때 청취자들과 독자들의 지성에 찬사를 보낸다. "다들 내가 이 마지막 책에서 하려는 얘기를 하지 말라고 내게 충고했습니다. 이들이 한 말은 이런 식이었습니다. '평범한 독자는 신학책을 읽고 싶어 하지 않아요. 그저 평범하고 실제적인 종교를 제시하시죠.' 나는 그들의 권고를 거부했습니다. 나는 평범한 독자가 그렇게 멍청하다고는 생각지 않습니다."[48]

루이스는 비그리스도인들이 무엇을 생각하고 무엇을 믿는지 알고 있었다. 그 자신이 그리 오래되기 전 바로 그러한 생각과 믿음을 가지고 있었기 때문이었다. 그는 사람들이 보편적으로 지닌 윤리학의 예를 강조함으로써, 도덕성은 '집단적 본능'-각 사회가 서로 다르게 형성하는 어떤 것-이라는 잘 알려진 개념에 반박했다.[49] 그는 자신이 잘 아는 소설 작품들과 그 신약 이야기들을 비교함으로써, 신약성경의 이야기들이 단순히 우화일 뿐이라는 이론을 풀어헤친다. 그는 예수님이 한낱 인간 또는 훌륭한 선생님일 뿐이라는 흔한 생각들을 설명하고 난 후, 매우 극적인 자신의 주장을 열거하여 그 생각들을 해체한다. 루이스는 회의론자들이 제기하는 것보다 더 상세하게 믿음으로 가는 장애물들을 하나씩 설명하였다. 그리고 그 장애물들을 진지하고 세심하게 제거하였다. 우리는 우리의 전도에 있어서도 같은 방식의 흐름을 개발할 필가 있다.

질문자를 존중하기

　루이스의 변증론을 읽을 때 그 내용이 즉각적으로 명확하게 드러나지 않아 보이는 것은 바로 질문자들과 그들이 가진 질문을 존중하기 때문이다. 그가 분명하고 핵심적으로 말한다면 그런 답변을 그들에 대한 무시라고 자칫 오해하기 쉽다. 하지만 그것은 심각한 오해일 것이다. 간략함과 무시를 같은 선에 놓지 말라. 루이스가 대중 전도와 변증론 문서 작성에 그렇게 많은 시간과 에너지를 사용했다는 사실만 보아도 우리는 그가 잃어버린 사람들을 전도하는 것에 깊이 관심이 있었다는 것을 알 수 있다. 그는 학술적인 모임에서뿐 아니라 군부대에서도 전도를 위한 대화를 했으며, 논리적인 토론을 통한 그 자신의 회심을 나누고, 모든 사람이 알아들을 만한 질문을 하기 위해 노력하면서 회의론자들에게 수많은 편지를 썼다. "만약 당신이 일상적인 언어로 자신의 생각을 번역할 수 없다면, 당신의 생각은 혼란스럽게 뒤섞여 있는 것입니다. 번역하는 능력은 자기 자신의 의미를 제대로 이해하는지에 대한 시험입니다."[50]라고 그는 미래의 변증론자들에게 가르친다.

　배우 데브라 윙거Debra Winger는 '세도우핸즈Shadowlands'라는 영화에서 조이 데이비드만Joy Davidman 역할을 맡아 그 준비로 루이스 책을 읽었다. "그는 어려운 질문을 접근 가능하게 만들어준다. 나는 그가 그 질문에 대한 답을 '쉽게' 만들어주지도 않으며, 그가 질문에 대답을 한 것도 아니라고 생각한다. 질문을 다루어 이야기 한 것이 그가 한 일이라고 나는 생각한다. 그는 대화라는 학교에 있고, 그의 문장은 전문가들이 쓴 책과 같지 않다. 그는 '이걸 생각해봐'라고 말한다. 그것이 내가 루이스를 기독교를 수많은 사람에게 열어준 인물로 생각하는 이유이다."[51]

루이스는 자신의 관점을 지지할 근거를 잠언서에서 찾지 않았지만, 우리는 신앙의 반대자들을 다룰 때 잠언을 활용할 수 있다. 잠언 16장 25절은 이렇게 말한다. "어떤 길은 사람이 보기에 바르나 필경은 사망의 길이니라." 만약 어떤 사람이 믿고 있는 것이 그 자신에게 올바른 것처럼 보인다면 우리는 그 이유를 물어야 한다. 우리가 보기에는 정말 이상하고 잘못된 것 같은 신앙이라도 그들이 어떻게 그런 믿음을 갖게 되었는지를 궁금해하고 그들을 불쌍히 여길 수 있다. 우리는 단지 응답하거나 반박하기 위해서가 아니라 그들을 이해하고 존중하기 위해 그들의 이야기를 들을 줄 알아야 한다.

어떤 이들은 이런 종류의 공감이 우리로 하여금 상대주의에 빠지게 만들지 않을까 염려할지도 모르겠다. 그러나 진리와 연민 사이의 균형만 잡는다면 "세상에는 옳은 것도 없고 틀린 것도 없다"라거나 "모든 진리는 같은 곳으로 통한다"라는 식의 상대주의 개념에 빠질 위험은 거의 없다. 사실 집중해서 들으면 (우리 자신의 생각과 우리의 전도 나눔에서) 진리와 오류 사이의 차이를 명확하게 할 수 있다. 루이스는 이렇게 설명한다. "당신이 그리스도인이라면 당신은 모든 종교에는, 심지어 아무리 이색

적이라 하더라도, 적어도 진리에 대한 조금의 힌트가 있다고 생각할 자유가 있습니다. ······ 하지만, 물론 그리스도인이 된다는 뜻은 기독교가 다른 종교와 다르며, 기독교는 옳고 다른 종교는 틀리다라고 생각함을 의미합니다."[52]

도전하기

우리는 이런 도전적인 반대의견에 대한 루이스의 모델을 통해서 가장 많은 도움을 받을 수 있다. 종종 그는 대안을 제시하기 전에 먼저 반대의견의 힘을 약화시킨다. 그는 복음에 반대하는 주장을 복음에 대한 지지로 무리 없이 바꾸어 그러한 주장을 막아낸다. 예컨대 그리스도인들이 예수님의 권위를 맹목적으로 수용한다는 반대의견에 대해서는 이렇게 말했다. "권위라는 단어에 겁먹지 마십시오. 권위에 대한 믿음을 가지고 있다는 뜻은 당신이 신뢰하는 누군가의 이야기를 들었기 때문에 그것을 믿는다는 뜻일 뿐입니다. 당신이 믿는 것 중 99퍼센트는 권위에 대한 믿음입니다."[53]

악의 문제에 대한 많은 토론 중에서 그는 이렇게 말했다. "하나님에 반대하는 내 주장은 세상이 너무 잔인하고 불공정해 보인다는 것이었습니다. 그런데 내가 이런 공정과 불공정이라는 개념을 어떻게 얻게 되었을까요? 어떤 사람에게 직선에 대한 개념이 없다면 곡선이라는 말도 모를 겁니다."[54] 루이스는 반대 논리에 있는 구멍을 지적하는 것이다. 혹은 같은 주제에서, 선한 신이라는 개념은 사람들이 창조한 것뿐이라는 개연성 없는 주장에 반박하면서 그는 "[실험실의] 마취제 없어도 세상에는 위대한 종교가 전파되고 오랜 기간 존재하는" 이유에 의문을 가진다.[55] 사람들이 하나님이 선하다고 생각하지 않은 때가 있다면 그것은 그들이 말할 수 없는 고통과 현대인들이 상상조차 할 수 없는 고난을 겪었을 때였다. 하지만 하나님의 선하심에 대한 경건한 찬양은 역경과 투쟁의 장소에서도 있었다. 루이스는 이렇게 말하여 반대자들을 수세로 몰아놓았다. "기독교는 …… 당신들이 추측할 수 없었던 종교입니다."[56]

그는 복음이 신화 또는 허구라는 입장에 반대하여 문학인으로서 가진 자신의 카드를 사용한다. "나는 훌륭한 소설을 많이 읽었으며 초창기 인류들이 발전시킨 전설을 상당히 알고 있습니다. 그리고 나는 복음이 그런 하나의 전설류가 아님을 완전히 압니다. 복음은 절대적으로 전설에 속하지 않은 종류의 것들로 가득 차 있습니다."[57]

'위대한 질문자'는 자신의 수제자가 이렇듯 자신의 주장을 자기 반박으로 재빨리 인식한 것을 자랑스러워했을 것이다. 루이스의 편지를 받았던 편지 수신자 한 사람은 이렇게 기억했다. "콜롬비아의 한 대학원 학생이었던 나는 이성의 타당성에 의문을 가지기 시작했다. …… 나는 나의 의혹에 관해 루이스에게 편지를 썼다. 그의 답변은 내가 그에게서 받았던 편지 중에서 가장 짧은 것이었다. 달랑 두 줄이었으니까. '자네의 편지는 시험 기간 중간에 왔기 때문에 지금 완전한 답변을 하기는 불가능하네. 자네가 현재 이성에 대한 믿음을 잃고 있다고 하지만 나에게 그런 말을 하는 것은 자네가 그 모든 이성을 사용하고 있기 때문이 아닌가?"[58]

질문을 도전으로 받아들였을 때의 힘을 알아차렸는가? 이성을 의심하는 사람에게 그의 질문은 어떤 효과가 있었을까? 질문이 일반적인 진술과 다른 점은 무엇이라고 생각하는가? 내가 지금 계속해서 질문을 하고 있다는 사실을 알아차렸는가?[59]

변증론자를 위한 성경의 변증

반대의견에 대한 존중은 다른 사람을 존중하는 것에서 흘러나온다. 모든 질문자는 하나님의 형상을 지니고 있다. 당연히 그 형상에는 흠이 있지만 그렇다고 모든 사람을 존중하고 공손하게 대할 필요를 부정할 수 없다. 베드로의 권면을 기억하라. "너희 마음에 그리스도를 주로 삼아 거룩하게 하고 너희 속에 있는 소망에 관한 이유를 묻는 자에게는 대답할 것을 항상 준비하되 온유와 두려움으로 하고"(벧전 3:15). 베드로 사도가 어디까지 권면했는지 그 권면의 정도를 주목하여 보라. 항상, 묻는 자에게는 누구에게나라고 했다. 베드로의 이 말은 대박해 시기에 나온 것임을 생각하라. 온유와 두려움(공손함)의 수위를 논하기 전에, '하되'라는 접속어미를 넣은 것을 간과하지 말라. 특히 복음에 대해 적대적인 사람에게 또는 그런 시점에 온유하고 공손하게 대답하기가 쉽지 않다는 사실은 분명하다.

얼마 전에 교통체증에 걸려 도로 위에 있었던 적이 있다. 바로 내 앞차에 범퍼 스티커가 잔뜩 붙어 있었다. 대부분은 다양성과 '공존'이라는 주제의 구호를 내건 것들이었는데 '공존'이라는 단어의 철자는 다양한 종교의 상징으로 꾸며져 있었다. 또 '모든 관점'을 존중하라고 독려하는 다른 스티커들이 그의 메시지를 한층 강조하고 있었다. 나는 그중 한 스티커 때문에 실소를 금치 못했다. 거기에는 이렇게 쓰여 있었다. 〈공존: 멍청이와도 함께 사는 것〉 어떻게 '공존'과 '멍청이'를 화합시킬 수 있을지 궁금하다. '관용'에 대한 촉구가 때로는 상당히 비관용적일 수 있다는 것이 새삼스럽다. 게다가 베드로의 권면을 따르자면 물어보는 사람에게는 누구에게나, 심지어 얼간이에게도 답을 할 준비가 되어 있어야 하지 않겠는가!

다행히 우리는 화답하지 않는 사람들에게도 온유와 존중으로 대할 수 있는 자원을 가지고 있다. 그 자원은 차량용 범퍼 스티커 수백 장을 가진 것보다 더 낫다. 우리에게는 십자가 대속의 죽으심을 통해 우리에게 베푸신 구주의 온유와 존중이 있다. 만약 반대의견을 불편한 방식으로 토해 놓는 사람들을 막 대하고 싶은 유혹이 든다면, 우리 자신이 어떻게 하나님을 불친절하고 심지어는 신성모독적인 방식으로 대했었는지 돌아보아야 한다. 용서받지 못할 반역자인 우리가 하나님께로 불려왔으며, 무관심한 죄인인 우리가 택함을 입었다. 외부인들에게 답변하라는 권면을 하기 전에 베드로는 우리가 "곧 하나님 아버지의 미리 아심을 따라 성령이 거룩하게 하심으로 순종함과 예수 그리스도의 피 뿌림을 얻기 위하여 택하심을 받은 자들"(벧전 1:2)임을 상기시킨다. 진리로 우리를 깨끗게 하심을 받아들이고 나면 "대답할 것을 항상 준비하되 온유와 두려움"으로 할 준비가 된다.

간혹 사람들은 미리 답변을 준비하거나 변호를 만들어두라는 말에 반박한다. "예수님은 무엇을 말할까 혹은 어떻게 말할까 염려하지 말라고 하지 않으셨습니까?" 그들은 이렇게 물으면서 마태복음 10장 19절을 인용한다. 거기에 보면 과연 예수님은 그런 말을 하셨으며, 덧붙여 이렇게까지 말씀하셨다. "너희를 넘겨 줄 때에 어떻게 또는 무엇을 말할까 염려하지 말라 그 때에 너희에게 할 말을 주시리니." 그러나 문맥에 주의하라. 이 약속의 말씀은 잡혀서 "총독들과 임금들 앞에 끌려"(마 10:18) 가는 사람들에게 주는 것이었다. 커피를 앞에 둔 대화에 관한 것이 아니라 법정에서 재판받게 될 때의 경우였다. 그럼에도 준비에 관한 베드로의 권면은 우리의 전도 노력에 깊이 새길만 하다.

시험 사례 하나

위 변증론적 원칙들을 한 가지 예에 적용해보자. 기독교의 배타성에 대한 흔한 반발에 관한 것이다.[60]

반발이 있을 것이란 예상에서부터 시작하자. 많은 비그리스도인은 영원한 생명으로 가는 유일한 길이 예수님이라는 '비관용적인' 관점에 강하게 반감을 가진다. 그들은 주장한다. 단 하나의 진리를 고집하는 것보다 더 거만한 일이 있겠는가? 사실 일부는 우리가 비그리스도적인 (자비가 없는) 믿음과 태도를 다른 사람을 향해 취한다고 비난한다. 기독교가 고집스럽게 모든 사람이 기독교의 믿음에 동의해야 한다고 주장한다는 것이다. 현대 문화가 다양성에 대한 높은 가치를 생각하면 우리는 이러한 질문을 예상하고 그에 대한 답변을 준비해야 한다.

다음으로 우리는 질문을 더 잘 이해하고 더 깊게 공감하는 것으로 그 질문을 존중할 필요가 있다. 20세기 최근까지만 해도 우리가 사는 세상이 이 정도로 다양화되지는 않았다. 다른 종교를 가진 사람들은 우리와 멀리 떨어진 곳에서 살았으며, 서구 사회의 대부분에게 다양성이란 '개신교, 가톨릭, 유대교' 정도였다.[61] 무슬림, 불교, 힌두교 그리고 다른 종교적 신앙은 지구의 저 반대편에 있었다. 무신론자들이란 철학적으로 분류하였을 때만 있었다. 오늘날은 완전히 달라져서 어느 동네나 어느 교실, 그리고 어느 직장에 가더라도 종교적 다양성이 명백해졌다. 대부분이 자신과 전혀 다른 믿음을 가진 사람을 알고 있으며, 우리가 그들을 알게 되면 그들도 사실 그다지 나쁜 사람이 아님을 발견한다. 분명 그들은 사랑이 많으신 하나님으로부터 영원히 분리될 운명의 사람들로 보이지 않는다. 그뿐 아니라 그들이 가진 관점의 뿌리는 우리가 잃어버릴까 봐 염려하는 그들의 풍부한 문화적 유산에 있어 보인다.

이것이 질문을 받거나 기독교의 배타성에 대한 비난이 왔을 때 많은 사람이 느끼는 감정이다. 우리가 할 수 있는 일은 여유를 가지고 그들이 느끼는 감정에 공감하면서 '온유하고 공손하게' 답을 하는 것뿐이다.

그렇다면 이렇게 다양한 방식으로 서로 다른 가치를 내세우는 세상에서 우리는 어떻게 "예수님이 유일한 길"임을 주장할 것인가? 먼저 그 질문 자체에 도전해야 한다. C. S. 루이스가 수도 없이 그랬듯이 우리는 그 문제에 관한 더 나은 방식의 생각을 제안하기 전에 그 질문에 대한 방어의 부담을 그 질문자에게 되돌려야 한다.

"그렇다면 당신의 생각이 유일한 방법이라고 말할 수 있는가?" 출발은 이런 질문으로 불관용을 지적하는 것이다. 시간이 걸리겠지만 결국에 우리는 모든 사람이 배타적임을 친구들에게 말하고 그들을 도울 필요가 있다. 모든 세계관은 불관용적이다. "누구에게든지 그들의 종교가 틀렸다고 절대 말해선 안 돼."라고 말하는 사람들은 우리의 기독교가 틀렸다는 말을 하고 싶은 것이다. 그들이 "다른 누구의 종교도 비난하지 않겠어"라고 부추긴다면 그것은 바로 우리의 기독교를 비난하고자 하는 것이다. 또, 모든 종교가 같은 곳을 향해 간다는 개념은 비교적 최근에 형성된 것인데, 수 세기 동안 사람들이 믿어 왔던 주류 종교를 축소한 계몽주의 이후의 관점이다. 그들이 기독교를 '자기의self-righteousness'의 종교라고 비난한다면 그러한 회의론 자체가 자신의 자기의를 드러내는 것이다.

다시 경고하지만, 사람들이 외견상으로는 '열린 마음'인 것처럼 보이지만 그 뒤에는 비일관성이 있음을 그들이 인식하게 돕는 것은 쉬운 작업이 아니다. 대부분의 대화에서 우리는 내 관점을 제시하기 전에 먼저 싸움터를 평평하게 다져두어야 한다. 회의론자 친구가 자신의 오만을 볼 수 있게 될 때까지 우리의 주장은 소 귀에 경 읽기가 되고 만다.

이 작업을 온유와 존중으로 하기 위해서는 상대방이 정말 자신의 생각이 어떤 것인지 밝혀주는 질문을 하도록 하라. 질문은 논쟁을 부드럽게 하고 받아들이기 쉽게 만든다. 그렇지 않으면 그들과 아무 관계가 없는 예를 드는 것으로 시작하라. 그래야 개인적인 공격을 받았다고 느껴지지 않을 것이다.

그러한 질문에 도전하는 다음 단계는 이런 식이 될 것이다. "당신은 기독교가 하나님께로 가는 유일한 방법이라고 말했습니다. 그런데 여러 방법이 있다면 기독교식은 더 잔인하게 보이지요. 만약 다른 종교의 교리를 믿는 것으로 하나님에게 갈 수 있다면, 사람의 죄로 인해 하나님이 예수님을 죽게 하신 것은 끔찍한 일 아닐까요?"[62] 어떤 면에서 이는 바울이 갈라디아서 2장 21절에서 했던 주장의 반복이다. "만일 의롭게 되는 것이 율법으로 말미암으면 그리스도께서 헛되이 죽으셨느니라." 다시 말해, 우리의 대화 상대자는 비난을 비난하는 것인데, 결국 기독교에 대한 비난인 것이다.

먼저 기독교 도전자의 믿음에 도전한 후에는 그들이 가진 믿음보다는 복음을 더 나은 어떤 것으로 제시할 수 있게 된다. 모든 종교는 배타적이다. 그런데 만약 가장 포괄적인 방식의 배타성이라면? 어떤 배타적 신앙이 누군가에게 그의 가치나 업적에 상관없이 제시된다면 어떨까? "나와 다른 사람들을 사랑하고 수용하는 신앙인으로 이끌어주는"[63] 배타적인 신앙 제도가 있을 수 있지 않을까?

기독교에 대한 반발에 대응하기 위한 준비를 하려면 당황스럽기도 하다. 하지만 조금 더 작은 단계로 나누면 더 잘 대처할 수 있다.

먼저, 우리 자신이 반대의견에 대답할 능력을 갖추었는지부터 점검하자. 당신의 인생에 '위대한 질문자'가 루이스를 만들어갔던 것 같은 방식으로 당신을 이끌었던 누군가가 있었는가? 어쩌면 직업적으로 받았던 훈련이 당신을 더 논리적인 사상가 또는 다소 회의적인 질문자로 만들었거나, 또는 배우고 싶은 호기심이 많은 사람이 되게 했거나, 남보다 뛰어난 능력으로 연결해서 보는 통찰자의 안목을 주었을 수 있다.

어쩌면 하나님이 당신의 인생을 부르신 것에는 학문적인 개념보다 좀 더 실제적인 과제를 동반하고 있을지도 모른다. 아니면 당신은 구체적 방식으로 사람들을 섬기고 있을 수 있다. 어떤 경험을 하였기에 타인에 대한 연민이나 돌봄을 행할 능력을 얻게 되었나? 수년(또는 수십 년!)이라는 시간 동안 신체적인 업무나 고장 난 물건을 고치는 일을 감당하면서 인내심을 기르게 되었고 상식이 넓어진 것이 아닌가? 당신에게 직업이 있다면 그 직업은 단지 돈을 버는 도구만이 아니다. 당신이 부름받은 소명(직업보다 훨씬 더 고상한 의미로)은 자신이 미처 알아차리지 못했거나 그 소명을 받은 것에 감사하지 못했을 방식으로 당신을 이루어 놓고 있다.

당신이 가장 잘 진행할 수 있는 토론은 어떤 종류의 것인지 이 모든 것을 고려하여 생각하라. 당신이 가장 자신 있게 도전할 수 있는 일반적인 반대의견은 어떤 것들인가? 당신이 가장 쉽게 도전할 수 있는 자리를 만들어주는 환경은 어떤 것인가? 하나님이 명하여 주신 당신의 장점이 친구 안에 하나님이 심어두신 사모함에 연결될 수 있도록 해주시기를 하나님께 구하라.

다음으로, 당신이 전도를 위해 기도 중인 비그리스도인 목록을 다시 한번 보는 것이 좋다. 그들이 제기할 가능성이 있는 반대의견은 어떤 것들일까? 고난에 관한 질문일까? 아니면 기독교의 배타성에 관한 것? 성경이나 도덕성에 관한 것? 아니면 기독교가 위선적이라는 비난? 그들이 제기한 이러한 반박을 받은 적이 있는가? 당신은 이전에는 그런 질문을 어떻게 다루어왔는가? 이 모든 반대들을 한 번에 처리하려고 하면 당황하기 쉽다. 예상 질문 하나를 선택하여 온라인이나 훌륭한 변증론 책에서 답을 찾아보라. 답의 일부가 될 수 있는 문장을 한두 개정도 생각해두라. 대화를 시작하여 한 번에 한 단계씩 들어가라. 짧은 산책보다 긴 걷기 여행에 대비하여 준비하라.

믿음이나 하나님 혹은 종교에 관한 질문을 아예 하지 않는 친구에 대해서는 어떻게 해야 할까? 이 부류는 당신이 적어둔 기도 목록 대부분을 차지할 수도 있는 사람들이다. 그렇다고 그들의 머릿속에 궁금증이 조금도 없을 것이라고 짐작하지 마라. 다음과 같은 질문을 입 밖으로 꺼내면 그들은 예상하지 못한 호응을 보내올 수도 있다. "너는 내가 영적인 것에 관심이 있음을 알고 있지 않아? 이런 주제에 관해 궁금증을 가져 본 적 없어?" "지금 이런 얘기를 하고 싶어 하지 않다면 괜찮

아. 하지만 네가 어떤 영적인 믿음이 있는지 궁금해. 신앙 혹은 그와 비슷한 것에 관심을 가져 본 적 있어?" 또, 그들이 신앙을 가지지 못하게 막은 것이 무엇이냐는 질문을 함으로써 그들이 자신의 반대의견을 말로 하도록 초대하라. 혹은 믿음을 가지지 못하게 하는 것은 일반적으로 무엇이라고 생각하는지 묻는 것으로 시작할 수 있다.

다른 방법도 있다. 다시 전도를 위한 대화를 시작하는 것을 두려워하지 말라. 전에 그 친구로부터 신앙에 관한 질문을 받았을 때 그 기회를 놓쳤다고 느낄 수도 있다. 어쩌면 실제로 기회를 놓쳤을 수도 있다! 그래도 다시 한번 기회를 얻기 위해 요청하는 것도 나쁘지 않다. 친구가 던진 질문을 곰곰이 숙고할 정도로 사실 그 친구를 아끼고 있음을 알릴 수도 있다. 그런 과정에서 그 친구가 다른 그리스도인들에서 찾지 못하던 겸손함이 드러나기도 한다. 그전에 날려버린 질문에 답할 기회를 얻게 되면 이런 식으로 물으면서 시작할 수 있다. "지난번 나한테 하나님에 관해 질문했었는데 내가 제대로 대답 못 했던 거 기억해? 그동안 그 문제를 좀 생각해봤거든. 왜냐하면 나는 그게 정말 중요한 질문이라고 생각했어. 다시 얘기해 보면 어떨까? 내가 모든 답을 다 할 수는 없지만 그래도 너랑 그 문제는 얘기하고 싶어."

마지막으로, 주의해야 할 것이 있다. 기독교에 강하게 반발하는 사람들의 대응 과정은 쉽지 않다. C. S. 루이스도 그렇게 생각하지 않았다. 그는 이렇게 경고했다. "상당히 까다로운 문제이며, 이는 삼십 분 안에 당신이 할 수 있는 말이 별로 없다는 의미입니다. 그러나 반드시

해야 할 일이기도 하지요."[64] 사도행전을 죽 읽어보면 복음을 전파하는 것이 쉬웠던 적이 없었다는 느낌이 든다. 베드로와 바울 그리고 다른 초대 교회 신자들은 엄청나게 혹독한 감옥 생활을 겪으면서 구타를 당하거나 무자비한 거부를 받았었다. 그러나 우리가 가능한 대로 복음의 가장 중요한 메시지를 제시하는 것과 함께 다른 사람의 반대의견을 존중하는 것은 우리가 그들에게 줄 수 있는 가장 위대한 사랑의 표현이 될 수 있다. 또 이런 혹독한 과정이 다음과 같은 결과를 가진다는 것을 기억하면 그 과정을 견디는 데 도움이 된다. "죄인 한 사람이 회개하면 하나님의 사자들 앞에 기쁨이 되느니라"(눅 15:10). 이 말씀을 명심하여 우리 앞에 있는 도전을 온유와 존중 그리고 공손함으로 맞이하자.

04 불편함을 유발하라

하나님께서는 우리 가정에 세 아들이라는 복을 주셨다. 아내와 나는 아들들에게 다니엘, 데이비드, 그리고 조나단이라는 성경의 인물을 따서 이름을 지어주었다. 물론 다른 구약의 인물 이름도 생각하지 않은 바는 아니었지만, 이사야가 그의 첫아들(스알야숩, 사 7:3)을 위해 지었던 이름은 단 한 순간도 고려하지 않았다. 그 아들의 친구들이 뭐라고 불렀을까? 그는 놀림감이 되고 말았을 것이다.

비록 오늘날엔 적당치 않은 이름이지만 '스알야숩'의 의미는 성경의 주된 주제를 파악하려면 반드시 알아야 한다. 그것은 '남은 자가 돌아오리라'는 뜻으로, 좋은 소식과 나쁜 소식-하나님은 거룩하신 심판자이신 동시에 은혜로우신 구원자이심-을 동시에 가지고 오는 성경의 궁극적 메시지를 잘 보여준다. 이사야는 이스라엘 백성에게 그들이 하나님께 돌아오지 않으면 하나님은 그들에게 주셨던 땅에서 그들을 몰아내실 것이라고 경고했다. 이사야 선지자가 예언의 일부로 자녀들의 이름이 "징조와 예표"(사 8:18을 보라)가 되었다고 한 것은 하나님이 그분의 계획을 얼마나 진지하게 이루시려 하는지 보여주는 것이다. 목이 굳은 사람들은 그 경고를 듣지 않았고, 결국 하나님은 이미 말씀하신 대로 이루셨다.

'남은 자가 돌아오리라'는 메시지에는 좋은 요소와 나쁜 요소가 함께 있다. 이스라엘 백성에게 좋은 소식은 영원히 그 땅에서 내어쫓지 않으리라는 것이며, 나쁜 소식은 내어쫓김을 당하리라는 것이다. 이사야의 아들이 태어나고 이름을 받았던 때는 이스라엘 백성이 그 땅에서 풍요와 자유를 누리며 살았던 시기였다. 그런데 그들은 그곳에 거주하지 못하고, 오직 (전부가 아닌) 남은 자들만이 돌아올 것이다. 그것이 더욱 나쁜 소식이었다.

하나님이 엄중히 심판하실 것이다. 그러나 그분은 또 관대하게 용서하실 것이다. 이런 내용이 전도에 관한 C. S. 루이스의 접근법과 무슨 관계가 있으며, 우리는 어떻게 그의 인도를 따라갈 수 있을까? 이렇게 쉽게 생각해보자. 즉, 우리는 사람들에게 좋은 소식과 나쁜 소식을 동시에 메시지로 전할 필요가 있다는 것이다. 사람들은 어떤 해결책을 얻으려면 문제가 있음을 먼저 인식해야 하며, 해결에 이르기까지 긴장감을 느껴야 한다. 하나님이 거룩하시며 사랑이 많으신 분이며, 율법을 주시지만 죄를 용서하시는 분이며, 심판자이자 구원자가 되시는지를 알고자 하는 이들에게 구원이 이르게 된다. 루이스의 언어를 빌리자면,

"우리는 불편함을 유발했습니다."[65]

성경 속의 긴장

하나님은 구약성경 곳곳에서 '심판과 용서'라는 이중의 주제를 교차하여 엮으시고, 긴장을 끌어올리셨다가 신약성경에서 해결되게 계획하셨다. 그 첫 번째를 탐색하면서 C. S. 루이스가 어떻게 자신의 전도에서 이러한 긴장을 사용하였는지, 그리고 우리는 어떻게 그와 같은 방식을 사용할 수 있을지 살펴보자.

앞서 2장에서 우리는 구약의 어떤 이야기들은 다 끝난 것으로 보이지 않는다는 것을 알았다. 하나님은 구약성경이라는 장식물에 다른 종류의 실을 섞어 넣으시는데 그것이 바로 풀리지 않은 긴장이라는 주제이다. 성경의 여러 군데에서 우리는 하나님의 거룩하심과 그분의 은혜로우심에 대해 읽으면서 "이 둘이 어떻게 함께 진리가 될 수 있지?" 하는 의문에 부닥치게 된다.

예컨대 출애굽기 34장의 극적인 장면에서, 모세가 하나님의 영광을 보기를 요청하자 하나님은 그의 선하심이 모세 앞으로 지나가기를 약속하신 후에 이렇게 선포하셨다. "여호와라 여호와라 자비롭고 은혜롭고 노하기를 더디하고 인자와 진실이 많은 하나님이라 인자를 천대까지 베풀며 악과 과실과 죄를 용서하리라"(출 34:6-7). 이 구절로 끝이 나면 얼마나 좋겠는가. 하나님은 이어서 이렇게 말씀하신다. "벌을 면제하지는 아니하고 아버지의 악행을 자손 삼사 대까지 보응하리라." 하나님은 사랑이 많으셔서 죄를 용서하시지만, 너무나 거룩하시므로 죄를 벌하신다. 그 둘 사이의 긴장이 느껴지지 않는가? 이 본문은 그 긴장을 해소하지 않을 뿐 아니라 언제 어떤 해결책이 올 것인지에 대한 힌트를 주지 않는다. 이 구절은 이후의 민수기, 느헤미야, 시편 그리고 요엘과 요나 및 나훔과 같은 선지서까지 많은 성경 구절에서도 인용되거나 노래로 불린다.[66] 그러니 이 내용은 하나님의 교향곡에서 지배적인 멜로디라고 말할 수 있겠다.

일단 이 해결되지 않은 긴장을 인식하고 나면 하나님의 말씀 곳곳에서 이 긴장이 보이기 시작한다. 다른 예를 들면 시편 98편이 있다. 이 시편은 "그는 기이한 일을 행하"신 하나님을 찬양하는데 아름다운 두 부분으로 나뉜다. 첫 번째는 1-3절로 하나님의 사랑과 구원에 대해 노래하며, 두 번째는 4-9절로 그의 심판과 공평하심에 대해 말한다. 두 부분은 모두 이러한 속성이 하나님의 의로우심을 표현한다고 말한다(2절과 9절). 사실 하나님은 사랑의 하나님이 맞다. 또 공정하신 심판자이심도 맞다. 그런데 그 시편은 이 둘이 모두 어떻게 진리가 될 수 있는지는 설명하지 않는다. 만약 하나님이 우리를 사랑하신다면 우리를 용서하시지 않겠는가? 만약 그가 우리를 용서하신다면 그의 정의가 타협되는 것 아닌가?

간혹 하나님은 그 긴장이 해소될 방법에 대한 힌트를 슬쩍 주시거나 그림자를 비춰주신다. 그 힌트들은 종종 수수께끼와 같아서 해석하기가 어렵다. 그것들의 그 기묘함으로 인해 우리는 더욱 집중적으로 관심을 가지게 된다. 수백 년 동안 유대 학자들은 그런 문서를 메시아 Messianic 성경이라고 했다.[67] 성경을 꼼꼼히 읽는 독자들은 다양한 방식으로 오실, 약속된 여러 시대의 구세주를 고대하였다.

긴장의 해결에 대한 첫 언급은 에덴동산의 반역이 있은 바로 다음에 나온다. 하나님은 에덴동산에서 어긋난 것을 바로잡을 수 있는 갈등을 예견하시고 뱀의 머리를 깨트릴 분을 보내시기로 약속하셨다. 시편 16편과 22편에서 이러한 예견의 시적 표현을 볼 수 있다. 멸망하지 않는 "주의 거룩한 자"(16:10)와 손과 발이 찔리는 멸시와 고통을 당하는 자(22:16)에 대한 구체적인 모습은 다윗이나 다른 어떤 인간이 성취하기에는 너무나 힘든 것이다. 이사야 53장에서 하나님의 의로우신 심판과 그의 다함 없는 사랑 사이의 긴장을 해소할 속죄 수단으로서 고난당하실 분에 대한 가장 정밀한 예견이 나온다. 여기서 우리는 앞서 언급한 고난에 목적이 있음을 발견한다. "그가 채찍에 맞으므로 우리는 나음을 받았도다"(사 53:5). 오실 메시아가 가장 놀라운 해결책으로 가장 극대화된 긴장을 해결하실 것이다. 즉 죄인들을 용서하기 위해 그 죄에 대한 심판을 스스로에게 지우신 것이다.

잘 알려진 구약성경의 주제, 예언된 메시야에 관해서는 훨씬 더 많은 이야기를 할 수 있다.[68] 우리의 목적에 맞게 덧붙이자면, 하나님의 거룩함을 만족시키는 예수님의 죽음과 그의 사랑에 대해 깊이 감사하는 것이야말로 전도를 위한 깊은 은혜의 저장소가 될 수 있다. 하나님의 "자기도 의로우시며 또한 예수 믿는 자를 의롭다 하려 하심"(롬 3:26)을 깨닫고 그 의미에 감탄할 때, 사람들에게 '불편할 이유'가 자신에게 있음을 인정하게 만들고, 그들이 그토록 바라던 해결을 제공할 수 있게 된다.

나쁜 소식도 전해야 한다

서구 문화의 위선을 '꺾은 꽃 문화'라고 비꼬는 사람들이 있다. 꽃다발을 사는 행위는 꽃의 뿌리에서 잘라내는 것이다. 그 꽃다발을 집으로 가져와서 물에 담가두고 아름다움을 즐기지만 그 기간은 너무나 짧다. 며칠이 못가 뿌리가 없는 꽃들은 영양분과 생명의 공급이 되지 않아 시들고 만다. 얼마간은 싱싱해 보이고 살아 있는 것 같지만, 사실 죽어가는 과정은 그 꽃이 꺾이는 순간 시작된다. 이런 과정은 도덕성과 죄에 관한 문화에도 해당한다. 인간의 도덕성을 지탱해주는 성경에서 그 뿌리가 꺾여 나왔어도 우리는 여전히 (어느 정도는) 도덕성의 열매를 얻고자 한다. 결혼과 성관계의 분리를 주장하던 사람이 실제 자신의 배우자가 배신했음을 알게 되었을 때 한탄하는 소리는 참고 듣기 힘들다.

루이스는 현대 세속 문화의 시작에서 그것을 '비극적 희극tragi-comedy'이라고 명명하면서, "우리는 불가능하다고 명명하면서도 바로 그런 자질들을 계속해서 요구합니다."[69]라고 한다. 예컨대 교육 기관 대부분은 '선도 악도 없다' '절대적인 것은 없다'라고 주문을 외우듯 읊조리지만, 맞고 틀리고의 기준을 가지고 시험과 연구서의 점수 매기기를 고집한다. 또 우리는 모든 사람이 자기 나름의 도덕성을 만들라고 말하면서도 도덕성의 높은 기준에 그들이 부합하지 않는다고 비난한다. 루이스는 이를 멋지게 표현했다. "유령 같은 단순화로 기관을 떼어내고는 기능은 유지하라고 요구하는 것과 같습니다. 가슴이 없는 사람을 만들어 놓고는 그들이 덕을 행하고 기업을 운영하기를 기대합니다. 명예는 우습게 여기면서도 우리 중에 배신자를 발견하면 충격을 받습니다. 거세한 말에서 훌륭한 종자 말이 나오길 기대하는 것이지요."[70]

이런 '꼿꼿이 현상'에 대한 지적은 나쁜 소식과 좋은 소식의 긴장을 수면 위로 끌어올리는 방법이다. 믿을만하고 도덕적인 기초가 존재한다는 사실은 좋은 소식이며, 당신이 그 좋은 소식대로 따르지 않고 있음은 나쁜 소식이다. 우리 사회의 이중 잣대와 도덕 기준에 대한 계속되는 재해석에 놓여 있는 긴장은 좋은 소식과 나쁜 소식 모두를 확실하게 드러낸다.

이러한 긴장을 온유하고 공손하게, 자기의에 취하거나 비꼬지 않고 지적하기란 크나큰 도전이다. 우리는 사람들이 불편함을 느끼길 원하며 또 우리의 이야기를 그들이 계속 들어주기를 원하기 때문이다.

C. S. 루이스는 이 작업의 모델이 된다. 많은 사람이 루이스의 책을 읽으면 웃음을 터트리지만 나중에는 그 조크가 자신에게 해당함을 깨닫는 순간 웃음이 멈추게 된다. 루이스는 이론에서나 삶에서 특히 그 자신의 위선을 지적하는 데 천재적이다. 이런 작업은 사람들의 적대감을

무장해제 한다. 루이스는 인간이 죄를 지었으며 심판을 받아 마땅하다는 나쁜 소식을 전하는 것을 두려워하지 않았지만, 그가 사용한 방식은 독자나 대화 상대자들이 마음 깊은 곳에서는 이미 그것이 진실이지 않을까 의심하고 있었음을 스스로 깨닫게 하는 것이었다. 그런 인식이 그들로 하여금 구원으로 이끄는 회개로 부드럽게 옮겨가게 했다.

내가 아는 어떤 대학생을 C. S. 루이스가 보았다면 자랑스러워했을 것이다. 그 여학생은 강의 시간에 세상에 절대적인 것이 없으며, 모든 사람이 자기 자신의 실재를 결정하고, 언어는 단지 그 말을 듣는 사람의 마음에 따라 해석될 뿐이라는 교수의 긴 설명을 집중해서 들었다. "우리는 지은이의 사망을 애도해야 합니다." 교수는 학생들에게 이렇게 말하고는 또 주장했다. 평평한 지구에 대한 믿음을 우리가 포기했듯이 "지은이의 의도"도 마찬가지로 폐기되어야 한다는 것이었다. 이에 그 여학생은 손을 들고 그와 같은 해석이 강의 계획에도 적용되는지를 물었다. 그녀는 이렇게 말했다. "최종 보고서는 4월 3일까지 마감이다.'라는 말이 있는데 그렇다면 우리는 이 말을 '최종 보고서는 마감이 없다.'로 여겨도 되는 것인가요?"

사려 깊은 비그리스도인들과 대화를 할 때 우리는 루이스의 예를 따라 어떤 주장은 스스로 모순되는 점이 있음을 보여줄 수 있다. 이 수준까지 토론을 끌고 가기를 모두가 원하지는 않겠지만, 어떤 경우에는 절대적으로 중요하다.

예컨대 많은 비그리스도인이 과학에 가치를 둔다. (물론 우리는 그에 동의한다.) 그런데 어떤 이들은 더 나아가 과학주의를 신봉한다. 과학주의란 관찰 가능하고 개연성 있는 '사실들'만이 어떤 것을 아는 유일한 방법이라는 관점을 말한다. 문제는 그러한 관점 그 자체가 과학적으로 개연성이 없다는 것이다. 그것은 믿음의 영역이다. 루이스는 이렇게 표현했다. "내가 신학을 받아들일 때 …… 하는 것이 어려울 수 있습니다. 하지만 과학은 전체로 보거나 참작할 수 있습니다. …… 나는 어떻게 인간이 관찰과 추론을 통해 자신이 살고 있는 우주에 대해 많은 것을 알아가게 되는지 이해할 수 있습니다. 반면에, 만약 내가 과학적 우주론을 전체로 삼켜버린다면, 기독교에 안 맞을 뿐 아니라 과학에도 맞지 않을 것입니다."[71] 아무튼, 만질 수 있는 것만 알 수 있다고 한다면 자신의 머릿속에서 일어나는 생각, 추론, 연역의 과정들은 어떻게 신뢰할 수 있겠는가?

루이스는 이 문제를 더 파고들었다. 신학적 질문을 두고 인간적인 내용을 꼬집었다. 그는 아주 평이한 진술을 통해 사람들이 "어떤 특정한 방식으로 행동해야 하지만 그들은 실제로는 그런 식으로 행동하지 않습니다"라고 주장했다.[72] 예를 들어 우리는 누구나 다른 사람을 괴롭게 하거나 엄청난 실수를 하고도 자기 자신에게는 관대한 사람을 알고 있다. 우리는 그런 사람들이 바뀌어야 한다고 주장하지만 아무도 그들을 이해시키지는 못한다. 누구나 그런 시나리오를 인식할 것이다. 그런데 루이스는 우리가 그런 상황을 하나님의 관점에서 살펴보도록 만든다. "[하나님은 그와 똑같은 사람을 하나 더 보십니다. 당신은 절대 보지 못할 그런 사람이죠. 물론 그것은 당신 자신입니다. 당신 또한 바로 그런 사람의 일종임을 깨닫는 것이 지혜로 나아가는 위대한 다음 단계입니다."[73] 다른 누군가를 비난하기 위해 기꺼이 덫을 놓았던 우리가 바로 그 덫에 걸려들게 되는 것이다.

타인과 대화할 때 우리 자신의 위선이나 비일관성을 자백하면 전도에 힘이 생긴다. 나 자신의 죄를 솔직하게 털어놓으면 다른 사람도 그렇게 하도록 도울 수 있다. 예컨대 루이스는 이렇게 썼다. "나는 오래전 죄는 미워해야 하지만 사람은 미워하면 안 된다고 하던 그리스도인 선생님의 가르침을 기억합니다. 나는 늘 이것이 어리석은 강아지 풀 뜯어 먹는 소리라고 생각했습니다. 어떻게 사람이 한 일을 미워하면서 그 사람은 미워하지 않을 수 있을까요? 하지만 여러 해가 지난 후 이런 일을 평생 누군가에게 하고 있었다는 사실을 깨달았죠. 바로 나 자신에게 말입니다."[74]

끔찍한 곤경

복음은 사람들에게 전할 수 있는 최고의 소식이다. 그러나 한편으로는 최악의 소식이 되기도 한다. 사람들은 좋은 소식을 받기 전에 먼저 나쁜 소식을 받아들여야 한다. 우리의 과제는 루이스의 말대로 "상처를 열어서 복음으로 그 상처를 치료하는 것"이다.[75] 그래야만 그들은 예수님의 죽음이 그들이 듣던 중 최고이자 최악의 소식임을 인정할 것이다. 이 말은 톨킨이 말한 '행복한 결말eucatastrophe'(다시 말해 처음에

는 매우 나쁜 것으로 보였던 것이 아주 훌륭한 결과를 가져옴을 뜻한다)을 떠올리게
한다.

성경의 긴장은 인간 내면의 긴장을 떠올리게 한다. 하나님의 거룩하
심과 그의 사랑 사이에 긴장이 존재한다. 우리 안에서는 의로움에 대한
내적 요구와 그 의로움을 성취하지 못하는 우리의 부족함이라는 간극
으로 인한 긴장이 있다. (물론 사람들은 반드시 그것을 의로움이라 칭하지는 않는
다. 사람들은 "그건 공평하지 못해" 또는 "그건 옳지 않아", "누구도 그렇게 해서는 안
돼"라거나 이러저러 "해야 해"라는 식으로 말한다.) 사람들이 성경에서 인간의 문
제를 보고 그 문제를 자신 안에서 발견할 때, 그들은 구원으로 향하는
중대한 발걸음을 내딛는 셈이다.

그러나 이것만은 주목하자. 사람들이 믿음의 문턱을 넘어서게 도우
려면 인내와 온유함이 필요하다. 믿음을 갖게 되는 과정은 우리가 기대
하는 것만큼 빨리 이루어지지 않기에 인내가 필요하다. 또 거듭남의 경
험은 육체의 탄생만큼이나 고통스러울 수 있기 때문에 온유함이 필요
할 것이다. 그것은 욥이 하나님의 거룩함과 그 자신의 무익함이 만났을
때 자신의 입을 손으로 가렸던 것과 유사하다(욥 40:4).

은혜보다 율법을 먼저 선포하는 것이 복음이 가진 나쁜 소식을 지적
할 때 도움이 됨을 발견한 사람들도 있다. 그들은 율법을 떠받들고 우
리가 그것을 어떻게 어기고 있는지 보여준다.

은혜에 앞서 율법을 선포하는 기법은 산상수훈(특히 마 5:21-30)을 안
내자로 삼는다. 예컨대 예수님은 살인이 잘못이라는 것에 그의 가르침

을 듣는 이들이 동의하도록 만드셨다. 게다가 말로 사람을 해하는 행위가 살인과 같은 근원에 뿌리를 두고 있다고 가르치셨다. 음욕과 탐욕에 대해서도 마찬가지로 말씀하셨다. 정직한 사람이라면 이 말을 듣고 "내게 화 있으라"라고 답해야 할 것이다. 그때야 대속을 통한 용서가 그의 마음에 들어올 것이다.

그러나 이런 전략이 잘 들어맞을 때가 있지만 모든 상황에 통하는 것은 아니다. 물론 모든 전도 전략이 마찬가지다. 나는 이런 '은혜 앞서 율법' 전략을 채택하려는 이들에게 주의를 주고 싶다. 가혹하게 들리는 그 전략은 오히려 사람들을 복음에서 밀어낼 수 있다. "거짓말을 한 적 있죠? 그래서 당신은 어떻게 되었나요? 거짓말쟁이가 된 것 아닌가요? 하나님이 거짓말에 대해서 뭐라고 말씀하셨는지 아시죠?" 이렇게 형사가 범인을 심문하듯 대한다면 질타를 받고 구석에 몰리는 듯한 느낌을 받을 것이다. '당신'이라는 말 대신 '우리'라는 대명사로 바꾸는 것이 훨씬 좋다. 예를 들어 이렇게 얘기할 수 있다. "우리는 누구나 사람들이 내게 진실하기를 원합니다. 그렇지만 우리는 때로 속이기도 하지 않나요? 우리는 그럴 때 선의의 거짓말이라거나 약간 비틀어서 얘기할 뿐이라고 하죠. 하지만 그것도 거짓말인 건 마찬가지입니다. 우리는 자신도 지킬 수 없는 기준에 다른 사람들을 맞추려고 해요. 그렇지 않나요?"

루이스는 이렇게 표현했다. "만약 절대적 선이 존재한다면 그 선은 우리가 하는 행동 대부분을 미워할 것임을 우리는 압니다. 이것이 지금 우리가 처한 끔찍한 곤경입니다. …… 하나님이 유일한 위로자이시지만, 그는 또한 극도로 두려우신 분이기도 합니다. 우리가 가장 원하는 분이지만 동시에 가장 피하고 싶은 대상이기도 하지요."[76]

긴장을 끌어내자

복음을 전하는 방향으로 대화를 끌어가기 위해서는 긴장을 고조하는 질문을 하는 것이 좋다. 그런 내용에는 어떤 것이 있을지 아이디어를 내어보자. 친구, 혹은 교회 공동체 모임이나 성경 공부 모임에서 함께 이 문제를 다루어볼 수 있다. 내 경우라면 제안할 아이디어에는 다음과 같은 것들이 있다.

- "인간의 내면에 선과 악이 모두 존재한다는 사실이 참 놀랍지 않나요?"
- "우리 인간이 어느 순간에는 점잖다가도 바로 다음 순간에는 그다지도 비열해질 수 있다는 것에 놀란 적 없어요?"
- "가끔 나는 세상에 놀라곤 합니다. 그 황홀한 아름다움 옆에 끔찍한 흉측함이 도사리고 있는 걸 보면요. 무슨 말인지 아시겠죠?"
- "뉴스를 보다 보면 미칠 것 같아요. 어떤 경우는 그렇게 서로 희생적인 행동에 대해 보도하다가 다음 뉴스는 정반대의 잔인함에 대해 보도하잖아요. 그런 느낌 받아본 적 있나요?"
- "지난번에 어떤 영화를 봤는데 정말 대단했어요. 인생이란 게 어떤

때에는 그렇게 의미깊게 보이는데 또 다른 순간에는 전혀 그렇지 않다는 데 생각이 미치더군요. 당신은 어때요, 그 영화 봤나요?"

당신 주변에서 벌어지는 긴장된 사건들이나 세상의 대치 상황들을 찾아보자. 그동안 당신이 의식하던 것보다 훨씬 더 많은 자료를 찾을 수 있을 것이다. 사람들은 긴장을 해소하는 방법이 궁금할 것이고 그들을 도울 수 있는 사람이 당신일지 모른다.

몇 년 전 나는 아내와 함께 맛있는 저녁을 먹고 식탁에서 쉬고 있었다. 그때 갑자기 뭔가 타는 듯한 냄새가 났다. 우리 둘은 놀라서 급하게 부엌으로 달려갔다. 음식이 타고 있다고 생각했다. 그런데 냄새의 원인을 찾을 수 없었다. 주방과 부엌을 전체적으로 청소해서 문제를 없애야겠다고 결정했다.

다음 날 저녁, 저녁을 먹은 30분 뒤 어제와 똑같은 냄새가 나기 시작했다. 우리는 다시 샅샅이 뒤져보았지만, 아무것도 찾을 수 없었다. 세 번째 날에도, 어떤 불쾌한 냄새 없음-맛있는 저녁-여유있는 대화-악취라는 같은 절차를 되풀이했다. 이번에는 부엌 주변을 살펴보다가 식탁 위 전등의 전구가 나간 것을 발견했다. 의자에 올라가서 전구를 갈아끼려던 순간 나는 그 냄새의 원흉을 찾았다. 오래된 전등에 세라믹 소재의 소켓이 있는데, 세월에 닳아버려 한 30분 정도 전등빛으로 가열되면 그렇게 끔찍한 악취를 내기 시작했던 것이다. 냄새의 원인을 드디어 밝혀냈다!

이것은 나쁜 소식이었다. 나는 새 전등을 사야 했고(돈 드는 일!) 전등을 바꿔 달아야 했다(할 일 추가!). 나쁜 뉴스가 한방에 벌어졌지만 이 경우 나쁜 소식을 알게 되는 것이 좋은 소식으로 가는 길이었다. 구원은 새 전등과 몇 시간의 추가적인 작업의 형태로 나타났다. 나는 나쁜 소식을 알아내지 못하고 좋은 소식을 경험한 적이 없다. 복음에 관한 우리의 많은 대화도 그와 같은 경로를 따라야 한다.

지금까지 우리는 대부분 사전 전도에 대해 살펴보았다. 사전 전도를 통해 우리는 복음에 대한 반응을 일으킬 말을 하거나 행동을 한다. 다음 장부터 우리는 복음, 복된 소식을 선포하고 설명하는 일 자체로 한 걸음 더 나아갈 것이다. 우리가 사전 전도에 이렇게 많은 시간을 할애하게 된 그 필요성에 대해서는 루이스의 말을 빌리겠다. "내가 이제껏 설명했던 그런 사실들에 여러분이 직면하기 전에는 기독교는 그냥 이해되지 않는 종교일 뿐입니다. 기독교는 사람들에게 회개를 요구하면서 용서를 약속하지요. 그러므로 자신이 회개할 일이 무엇인지 모르는 사람들과 자신에게 용서가 필요하다고 느끼지 않는 사람들에게는 (내가 아는 한) 아무 할 말이 없습니다. ⋯ 기독교라는 종교는 ⋯ 위안에서 시작하지 않습니다. 기독교라는 종교는 낙담 속에서 내가 앞서 설명했던 것을 시작합니다. 그런 낙담을 먼저 겪지 않은 사람에게 위안을 받을 수 있게 하는 방법은 없습니다."[77]

당신은 자신의 신앙 여정 어디에서 그러한 긴장을 찾을 수 있는가? 다른 사람의 삶에서도 그런 긴장들을 찾을 수 있을까? 당신은 사람들은 어째서 선함이나 의로움 혹은 순수함을 갈망하지만 얻지는 못하는지 그 이유를 아는가? 우리의 '꼿꼿이' 문화의 증거를 어디서 찾을 수 있는가?

당신이 전도를 위한 대화를 이끌었지만 상대 비그리스도인의 당황과 실망으로 끝난다면 제대로 잘한 것이다. 당신은 과제를 다 마친 것은 아니지만 올바른 방향으로 나아가고 있는 것이다. 전도자나 대상자 두 사람 모두에게 그렇다.

⟨05⟩ 복음의 중심성

몇 해 전 어떤 전도 훈련 세미나에 참석했을 때 일이다. 강사가 이런 상황을 시나리오로 설정했다. "여러분이 길 한쪽에 서 있는데, 어떤 사람이 자동차에 치이는 사고를 목격했다고 칩시다. 바로 당신 눈앞에서요. 사고를 당한 남자가 죽어가고 있고 그를 살릴 방법이 없어 보여요. 그 사람에게 복음을 전할 시간은 이제 1분밖에 남지 않았어요. 뭐라고 말하겠습니까?"

그 죽어가는 남자에게 하고 싶은 말을 기꺼이 발표하려는 사람들의 손이 여기저기서 올라왔다. "주 예수 그리스도를 믿으세요. 그리고 구원을 받으세요!" "예수천당 불신지옥!" "예수님이 당신의 주님이며 구세주이심을 아시나요?"

말이 안 나왔다. 너무 황당했다. "사람이 죽어간다잖아요. 끔찍하지 않나요?" 이렇게 소리 지르고 싶었다. 이 설정 상황의 극단성을 그냥 지나칠 수 없었다. 그 후 나는 혼란에 빠졌다. 정말로 무슨 말을 해야 할지 알 수 없었다. "괜찮으실 거예요. 제가 구급차 부를게요."라는 말이 내가 떠올릴 수 있는 최선이었다.

그 세미나에서 나는 교통사고와 같은 암울한 상황은 그만두고라도 복음을 어느 상황에서나 분명하고 핵심적으로 설명할 준비가 되어 있지 못하다는 것을 깨닫게 되었다.

핵심을 파고들자

1장에서 언급했듯 구약성경을 준비 과정으로 삼는다면 신약성경은 종착지이다. 신약은 그 자체가 모든 사전 준비 과정에서 추구하는 목표가 된다. 사실 바울은 이렇게 말했다. "그리스도는 모든 믿는 자에게 의를 이루기 위하여 율법의 마침이 되시느라"(롬 10:4). 구약성경이 구원의 기대감을 올리고 질문을 낳게 만든다면, 신약성경은 "아아, 안심이다!"라는 감탄과 "내가 기다리던 답변이군."과 같은 기분을 느끼게 한다.

내가 우리의 전도도 마찬가지의 과정을 따라야 한다고 생각하는 건 전혀 놀랍지 않을 것이다. 지금까지 사전 전도의 중요성과 C. S. 루이스가 그런 기술을 어느 정도로 숙달했는지를 얘기했으니 이제는 본론으로 들어갈 모든 준비가 되었다. 명쾌하고 핵심적이며 거부할 수 없는 복된 소식을 제시할 시간이 왔다.

성경에서는 예수님이 스스로에 관해 혁명적인 주장을 하신 것에 초점을 맞춘다. 그는 아버지 하나님과 하나이시라는 것, 즉 신성을 주장하셨다(요 10:30). 또 자신이 세상의 창조 이전에 살아계셨다고 말씀하셨다. "사탄이 하늘로부터 번개같이 떨어지는 것을 내가 보았노라"(눅 10:18). 만약 사실이 아니라면 그 말은 거대하고 황당한 망상일 것이다. 그리고 예수님은 제자들에게 "세상 끝날까지 너희와 항상"(마 28:20) 함께 있겠다고 하셨다.

예수님이 그저 좋으신 선생에 불과하다고 생각하도록 주입당한 (내가 그랬듯) 사람들에게 이와 같은 복음은 얼굴에 찬물을 끼얹는 것과 같을 수 있다. 성육신하신 예수님을 만났던 많은 이들이 그런 느낌을 받았다. 그러한 사례를 두 가지만 살펴보기로 하자.

한번은 예수님께서 다음과 같은 말씀으로 종교 지도자들을 혼란스럽게 만들었다. "너희 조상 아브라함은 나의 때 볼 것을 즐거워하다가 보고 기뻐하였느니라"(요 8:56). 그리고는 더없이 담대한 선언을 덧붙이셨다. "아브라함이 나기 전부터 내가 있느니라"(58절. 강조는 저자). 예수님은 자신이 항상 존재한다(이것도 놀라운 주장이다)고 말하신 것에서 더 나아가 유대 전통에서는 누구든 언급이 금지된 하나님의 이름 –I AM-으로 스스로를 지칭하셨다. 그 당시 지도자들은 예수님의 주장이 신성을 의미한다는 것을 알고 돌을 들어 예수님을 쳐 죽이려 했다.

다른 예를 보자. 군중은 중풍병자의 죄를 용서하신 예수님을 같은 죄목으로 고발했다. 그들은 이렇게 일렀다. "이 사람이 어찌 이렇게 말하는가 신성 모독이로다 오직 하나님 한 분 외에는 누가 능히 죄를 사하겠느냐"(막 2:7). 실로 누가 감히 다른 사람의 죄를 용서할 수 있을까? 당신이 내 발을 밟는다면 나는 "당신을 용서하겠소"라고 당신에게 말할 수 있지만, 당신이 다른 누군가의 발을 밟았는데 내가 당신에게 "당신을 용서하겠소"라고 말한다면 어떤가. 당신은 아마 이렇게 답할 것이다. "당신이 누구길래 다른 사람의 발을 밟은 것을 두고 나를 용서한다는 것입니까? 당신 일이나 똑바로 하세요!" 예수님이 그 중풍병자의 죄를 용서하신 것은 그가 하나님께 죄를 지었음과 예수님 자신이 죄로 인해 상처받은 당사자인 하나님이심을 주장하신 것이다! 율법 교사들이 얼마나 분노했을지 상상하기는 어렵지 않다.

예수님의 자신에 대한 선포는 정말 담대했다. 때로 우리는 이런 주장을 인용하고 그 극단적 주장이 우리가 진 무거운 전도의 짐을 덜 수 있게 해야 한다.

루이스의 담대한 복음 선포

역사학자 조지 마즈든George Marsden은 C. S. 루이스의 『순전한 기독교』에 대한 그의 '전기'를 쓰면서 이렇게 결론을 맺었다. "『순전한 기독교』의 최종적 매력은 복음의 메시지 그 자체의 광휘에 기인한다."[78] '광휘'는 어떤 물체 내면에서 빛이 뿜어져 나오는 현상인 발광을 뜻하는 것으로 사용되었고, 나는 루이스가 그 역사학자의 단어 선택에 동의했으리라 생각한다. 루이스는 예수님이 그러셨던 것처럼 담대하게 복음을 전함으로써 수많은 독자와 청취자가 복음의 그 광휘를 볼 수 있게 했다.

루이스는 자기 시대의 문화 안에 사는 사람들이 기독교 신앙에 관한 그렇고 그런 얘기들과 두리뭉실한 말들을 듣다가 생각 없이 무기력에 끌려갔다고 생각했다. 그의 시대에도 그랬다면 지금 우리가 사는 시대는 그런 현상이 더 만연해 보인다. 루이스는 사람들을 일깨우기 위해 마치 이렇게 얘기하는 것 같다. "저 말이 들리는가? 터무니없게 느껴지는가? 그러나 어쩌면 그것이 사실일지 모른다!" 루이스는 『순전한 기독교』 앞에서 50쪽 이상을 넘겨서야 이런 담대한 말을 했다. "그때 진짜 충격이 왔습니다. 그 유대인 중에 갑자기 자신이 하나님이라는 말을 하는 사람이 나타난 것입니다. 그는 자신이 항상 존재했다고 주장해요. 자신이 종말의 때에 세상을 심판하러 올 것이라고도 말하죠. … 이 남자가 하는 말은, 아주 간단히 말하면, 지금까지 인간의 입술에서 나오는 말 중에서 제일 충격적이었던 겁니다."[79]

여기의 명쾌함과 단호함을 놓치지 말라. "그리스도는 우리를 위해 죽으셨다, 그의 죽음은 우리의 죄를 씻었다, 그리고 그는 그 죽음으로써 사망 자체를 무력화시켰다라는 말을 듣습니다. 이것이 공식입니다. 이것이 기독교입니다. 우리가 이것을 믿어야 합니다."[80] 그의 이런 결론은 별로 놀랍지 않다. "기독교가 만약 거짓이라면 거기에는 아무런 중요성도 없습니다. 그런데 만약 그것이 진실이라면 무한한 중요성을 가집니다. 기독교가 될 수 없는 단 한 가지가 있으니 그것은 바로 어중간하게 중요한 것입니다."[81]

루이스는 복음의 담대한 선포와 명쾌한 설명을 놀라울 정도로 분명하게 섞어 엮는다. 그는 속죄와 회개라는 이해가 어려운 개념을 명확하게 이해시키기 위해 이렇게 풀었다. "회개는 악한 사람에게만 필요합니다. 그런데 완전한 회개는 선한 사람만이 할 수 있습니다. 악한 사람일수록 회개가 더 필요하지요. 그런데 덜 악한 사람만이 회개를 할 수 있습니다. 완벽하게 회개할 수 있는 유일한 사람은 완벽한 사람인데, 완벽한 사람은 회개가 필요하지 않을 것입니다."[82] 구약의 예상 후 신약의 위로라는 패턴을 본받아 루이스는 이렇게 썼다. "그런데 하나님이 인간이 되었다고 가정해 봅시다. 고통을 당하고 죽을 인간의 본성이 한 사람 안에서 하나님의 신성과 합쳐졌다고 가정합시다. 그때, 그 사람이 우리를 도울 수 있을 것입니다. 그는 신의 의지에 순복하여 고통을 당하고 죽기까지 하였습니다. 그가 인간이기 때문입니다. 그리고 그가 그 일을 완전하게 해낼 수 있는 것은 그 자신이 바로 하나님이었기 때문입니다."[83]

루이스가 사용했던 다른 도구는 복음과 대안들을 극명하게 대조 비교하는 방법이었다. 때로 그는 예수님을 다른 종교 지도자들과 비교하여 예수님이 그들과 같을 뿐이라는 주장을 일소하였다. "만약 여러분이 부처에게 가서 '당신이 브라만의 아들입니까'라고 묻는다면 그는 '내 아들아, 너는 여태도 환상에 골짜기에 있구나.'라고 말했을 것입니다. 또 여러분이 소크라테스에게 가서 '당신이 제우스인가요?'라고 물으면 그는 한바탕 웃어버릴 것입니다. 여러분이 모하메드에게 가서 '당신이 알라신입니까?'라고 물으면 그는 듣자마자 자신의 옷을 찢고 여러분의 목을 날려 버릴 것입니다. 여러분이 공자에게 '당신이 하늘이요?'라고 묻는다면 내 생각에 그는 아마도 이렇게 대답하지 않을까 싶습니다. '자연에 따르지 않는 개작remake은 멋이 없다.'"[84]

이와 유사하게 루이스는 또 다른 신앙 체계와 기독교 전체를 비교한다. 그는 담대하게 무신론은 "너무 단순하다"라고 말했다. 현실의 일들은 복잡하기 때문이다. 그는 진실한 복음과 "기독교와 물" 또는 "아첨성 신앙Soft soap" 혹은 막연하게 "생명의 힘Life-Force"이란 말로 불렀던 것들을 비교했다. 그것은 초자연성이나 기적을 믿지 않으면서도 그리스도인이라 주장하는 종류의 종교를 일컫는 것이었다. (자유주의 신학의 기독교가 그의 당대를 휩쓸었고 지금 이 시대에도 사라지지 않고 있다. 그래서 우리는 사람들에게 진정한 복음과 자유주의 대안들이 어떻게 다른지 잘 비교해서 보여줄 수 있다.) 루이스는 라디오 방송 네 번째 시리즈 마지막에서 청취자들이 한 주간 내내 곰곰이 생각할만한 질문을 다음과 같이 남겨 두었다. "생명의 힘은 일종의 길들여진 하나님입니다. 여러분은 자신이 원할 때 스위치를 넣을 수 있지만, 그것이 여러분을 귀찮게 하지는 않을 것입니다. 종교가 주는 흥분은 모두 누리면서 그 비용은 하나도 지불하지 않는 것이죠. 그렇다면 이 생명의 힘이라는 것이야말로 세상이 아직 보지 못한 희망 사항을 가장 제대로 성취한 것이 아니겠습니까?"[85]

다른 사람의 의견을 거부할 수 있도록 자신을 준비하는 것, 그리고 다른 사람의 믿음과 비교하여 자신의 믿음을 설명할 수 있는 것은 어찌면 우리가 발전시켜야 할 가장 중요한 전도 기술 중 하나일 것이다. 우리는 다음과 같은 말을 준비하여 복음의 화살통에 화살을 채워 놓아야 한다.

- "예수님이 훌륭하신 선생님일 뿐이라고 믿는 사람들을 많이 압니다. 저는 예수님의 말씀에서 보면 그렇지 않다고 생각합니다."
- "기독교를 사람들에게 친절하게 대하는 종교라고 생각하는 사람들도 간혹 있어요. 그건 가장 중요한 부분을 놓치는 셈이죠."
- "당신은 기독교가 기본적으로 다른 종교나 마찬가지라고 말하지만, 저는 거기에 동의하지 않습니다. 그 이유를 말씀드리겠습니다."

지인들의 잘못된 추측을 지적하는 것은 복음을 설명하는 대화로 나아가는 좋은 방법이 될 수 있다. 그런데 우리가 이 지점에서는 너무 앞서 나가고 있는 것인지도 모르겠다. 우리는 또한 복음이 무엇인지를 설명할 준비가 되어야 한다. 현장에서 복음을 명확하고 담대하게 진술하도록 준비될 필요가 있다.

복음의 개요

복음을 명확하고 핵심적이며 설득력 있게 제시하는 일은 말처럼 쉽지 않다. 분명한 것은 사전에 생각해둔 바가 없다면 그러한 내용이 그냥 입에서 술술 흘러나오지는 않는다는 것이다. 그러므로 가끔 어떤 특정한 상황에서 실제로 우리가 어떻게 말할 것인지를 생각해두는 시간을 가지는 것이 좋다. 여러 번 복음을 전한 경험이 있는 사람이거나, 가능하면 회피하는 경향이 있거나 (대부분은 그 둘이 혼재되어 있지만) 복음의 핵심 개요를 확실하게 알아 두는 것은 그만한 가치가 있다. 베드로가 요구한 것처럼 "대답할 것을 항상 준비하되"(벧전 3:15) 우리는 실제 상황에서 순간적으로 자신이 믿는 바를 설명할 수 있어야 한다. 내가 자주 사용하는 문장을 예를 들어보겠다.

1. 하나님은 거룩하시고 사랑이 많으시다.
2. 사람들은 하나님의 형상으로 지음받았으나 죄를 지었다.
3. 예수님은 죽으시고 다시 살아나셨다.
4. 모든 사람은 회개함과 믿음으로 응답할 필요가 있다.

예전에 나는 사람들에게 도움이 될 만한 소책자들을 항상 가지고 다니면서 필요할 때 읽어주었지만 이제 더는 그 방법을 실행하기 어렵다. 알거나 만나는 사람 대다수는 내가 그런 소책자를 읽어주면 불편해한다. 그런데 흥미롭게도 같은 내용을 스마트폰에 담아서 앱 화면을 스크롤 하면 전혀 어색하게 느끼지 않는다. 당신도 이와 비슷한 느낌이 든다면 복음을 제시하는 앱을 한두 개 받아두라.[86]

그렇지만 가장 좋은 것은 그런 자료를 들이대지 않고 그냥 나의 믿음을 이야기하는 것이다. 대화가 전도의 최선의 도구임을 나는 확실히 믿는다. 누구나 예리한 경청력을 개발하고 대화 기술을 개선할 필요가 있다. 날씨에 관해 또는 자유시간을 어떻게 사용하는지, 좋아하는 책은 어떤 종류인지, 영화 취향에 대한 설명, 이른바 '가벼운' 주제로 수다를 떠는 것을 포함하여 여러 주제로 대화하는 능력을 연마하여야 한다. 그런 상호작용이 하나님과 화해라는 무거운 주제와 메시지에 관해 집중적으로 토론할 수 있는 길을 닦을 것이다.

그렇게 복음의 메시지를 전하다 보면 그 내용의 일부에 대해서 우리에게 그 뜻의 해석을 원하거나 토론을 바라는 사람도 있을 것이다. 그러나 다른 부분에서는 그렇지 않을 것이다. 또 모든 지점에서 혼란스러워할 사람도 있다. 일부 메시지를 알아듣고 심지어 받아들이기까지 하는 사람이라도 즉시 그렇게 되지는 않을 것이다. 그들이 하는 말을 주의 깊게 듣고 그들의 비언어적 소통 방식을 유심히 관찰하라. 그렇게 하면 어떤 부분이 막혔고 어디를 뚫을지 파악하여 그들이 예수님에 대해 계속해서 생각할 수 있도록 격려할 수 있을지 알 수 있다. 그 과정을 통해 우리는 주제를 달리하여 대화를 이끌어 갈 것인지 아니면 다른 친구에게 소개할 것인지, 그들을 구도자나 회의론자를 위한 강좌나 『기독교 탐사Christianity Explored』와 같은 책으로 초대할 것인지 결정할 수 있다.

물론 장황하게 말하거나 너무 많은 내용을 전하고자 하는 유혹은 항상 조심해야 한다. 성경의 서간서들뿐 아니라 4복음서에서 제시된 좋은 소식을 모두 목록화해보면 엄청나게 다양하고, 어느 곳에서도 한 번에 완벽하게 복음이 제시된 것은 아님을 알게 된다. 만약 내가 복음을 제시할 때마다 하나님의 나라와 하나님의 사랑, 그리고 그분의 거룩하심, 창조주의 역할, 하나님 형상을 닮은 우리의 본성, 우리의 죄와 속죄, 그리고 모든 다른 타협 불가한 지점을 포함해야 한다고 주장한다면, 내 계획에 들어오는 곳은 한 문장도 없을 것이다. 팀 켈러Tim Keller 목사는 이렇게 주장했다. "그렇습니다. 하나의 복음만이 있어야 합니다. 하지만 그 하나의 복음이 표현되는 형태는 분명 여러 가지가 있습니다."[87]

나는 하나님의 나라가 내가 말로 할 수 있는 어떤 복음의 제시보다 더 크다는 놀라운 사실에 의지한다. 하나님 나라의 특성에 관해 질문받으신 예수님은 먼저 여러 비유들을 들어 그것을 예시해서 보여주시고, 다음에는 당신 자신의 질문을 하기도 하셨다. "우리가 하나님의 나라를 어떻게 비교하며 또 무슨 비유로 나타낼까"(막 4:30). 잠시 이 질문에 대해 생각해보자. 예수님은 더듬거리거나 당황하지 않으셨다. 그는 자신의 말뜻을 우리에게 설명하지 못할 만큼 둔하지 않으셨다. 하나님의 나라와 복음 그 자체가 워낙 풍부하고 다양한 면을 가지고 있으며, 너무나 광대하고 너무나 아름다워 어떤 한 줄의 표현으로 그 능력과 크기를 다 담을 수 없을 뿐이다.

나아가 나는 마찬가지로 놀라운 현실에 의지한다. 하나님은 우리의 선포가 아무리 불완전하고 흠이 많아도 잃어버린 사람의 구원을 위해서는 그것을 사용하신다는 것이 그 현실이다. 날마다 횟수를 거듭하여! 우리가 할 수 있는 일은 사람들에게 성경의 구주가 누구인지 알려주고, 하나님이 주신 시간 내에서 가능한 대로 복음을 선포하는 것이다. 그리고 회심이라는 불가능한 일은 하나님만이 하실 수 있고, 그가 하실 것을 신뢰해야 한다.

그렇게 하면 우리는 짧은 시간 안에 모든 말을 해야 한다는 압박감에서 자유롭게 된다. 한 번의 대화에 모든 것이 달린 것이 아니며, 우리에게 모든 것이 좌우되지도 않는다.

연결 고리 만들기

물론 서두를 꺼내지도 않고 다짜고짜 복음 제시로 직진하지는 않을 것이다. 어쩌면 앞선 장에서 우리가 상상했던 종류의 사전 전도 대화의 경험이 이미 상당히 많을지 모르겠다. 혹은 처음으로 전도를 시도하는 것일 수도 있겠다. 대화 경험이 많든 적든, 지금 나누는 대화에서 우리가 선포하기 원하는 복음으로 넘어갈 연결 고리가 필요하다.

처음 말문을 트도록 한 문장을 열정적으로 제시하고 성령이 그것을 어떻게 사용하시는지 보아도 좋다. 요즘 말로 하면 본편의 티저로 생각해도 좋다. 아래 몇 가지 예상 문장들을 확인하라.

"하나님을 인격적으로 알 수 있다고 생각합니다."
"나는 하나님을 친밀하게 알 수 있다는 것에서 큰 위로를 찾고 있어요."

"우리는 죽음 이후의 삶이 있음을 확신할 수 있다고 생각합니다."

"나는 죄책감이나 후회스러운 감정에 도움이 될만한 것을 발견했습니다."

때로는 질문으로 대화를 시작하는 것이 좋을 때도 있다.

"믿음의 문제를 고려해본 적이 있나요?"

"영적인 일들에 관해 얼마나 생각하시나요?"

"하나님을 제대로 알 수 있다면 그것에 관심이 가지 않겠어요?"

"우리가 죽은 다음에 어떻게 될지 생각해본 적 있으세요?"

질문을 한 후에는 또 그들에게서 나에게로 집중조명을 옮겨 오는 과도 진술을 준비해 두어야 한다. 우리가 그들의 말에 좋은 청취자 역할을 제대로 했다면 이렇게 옮겨 가도 지나치게 무례하게 들리지 않을 것이다. 아래는 몇 가지 다른 선택안들이다.

"이것이 내가 믿는 것입니다."

"그리스도인들이 믿는 것은 이것입니다."

"그리스도인들의 핵심 신앙을 당신에게 얘기해도 되겠습니까?"

"이것도 한번 생각해보세요. ……"

우리는 사람들에게 복음의 경이를 지적하고 하나님께서 그들의 감긴 눈을 뜨게 하여 복음의 아름다움을 보게 만드시기를 간구한다. 만약 하나님이 그 일을 당신의 삶에 먼저 하시지 않았더라면 당신이 복음을 전하고자 하는 열망으로 이 책을 읽는 일은 없었을 것이다.

가장 위대한 준비

전도에 관해서 우리는 진리를 선포하고 질문에 답하며 설명하고 예를 들어주어 응답을 촉구하도록 자신을 준비해야 한다. 그러나 그 이상 훨씬 더 많이 도움 되는 것이 있다. 전도의 에너지를 키워주는 가장 큰 자극제는 복음의 충만함을 경외하는 것이다. 저자이자 오랫동안 제자도 멘토인 제리 브리지스Jerry Bridges는 자신의 거의 모든 책에 이렇게 적었다. "자기 자신에게 복음을 전하라."[88]

C. S. 루이스는 내가 하나님이 십자가를 통해 용서를 허락하심에 대한 감사가 자라게 도와주었다. 「용서에 관하여On Forgiveness」라는 에세이에서 그가 복음과 거짓 대안을 어떻게 대조 비교하는지 들어보라.

"나는 하나님께 용서를 구하고 있다고 생각하지만, 실제로는 종종 (나 자신을 매우 주의 깊게 살피지 않는 한) 상당히 다른 무언가를 하나님께 요청하고 있다는 것을 발견합니다. 나를 용서해주시기를 하나님께 구하는 것이 아니라 그저 한번 봐주시기를 구하고 있는 것입니다. 용서와 봐주기 사이에는 세상의 모든 차이가 있어요. 용서는 이렇게 말하는 것입니다. '그래, 네가 이런 잘못을 저질렀으나 너의 사과를 받아들이겠다. 그리고 나는 절대 그 잘못으로 인해 너를 미워하지 않을 것이며 우리 둘 사이의 모든 것은 정확히 예전과 같아질 것이다.' 반면에 봐주기는 이렇게 말합니다. '나는 네가 어쩔 수 없었고 그럴 의도가 아니었다는 것을 안다. 사실은 네 탓이 아니었어.' 만약 어떤 사람이 정말로 잘못에 대한 책임이 없다면 용서할 것도 없습니다. 그런 의미에서 용서와 봐주기는 거의 정반대입니다. …… 만약 당신에게 완벽한 변명이 있다면 당신은 용서가 필요하지 않을 것입니다. 만약 당신 행동 전부가 용서가 필요하다면 그것에 대한 변명을 할 수 없습니다. [우리의 죄는] 봐줄 수 없는 것이지만, 감사하게도 하나님이 용서하지 못할 것은 아닙니다."[89]

이런 글은 우리를 자유롭게 만들어 정직한 고백과 깨끗한 양심 그리고 담대한 증언을 할 수 있게 한다.

우리는 구원의 위대함을 누려야 한다. 바울이 에베소 교인들을 위해 기도했듯이 우리는 하나님께서 우리 마음의 눈을 밝히시어 "그의 부르심의 소망이 무엇이며 성도 안에서 그 기업의 영광의 풍성함이 무엇이며 그의 힘의 위력으로 역사하심을 따라 믿는 우리에게 베푸신 능력의 지극히 크심이 어떠한 것을"(엡 1:18-19) 우리가 알게 하시기를 구하여야 한다. 우주의 하나님이 우리 같은 반역자를 구원하시기로 선택하신 경이를 묵상하고 감격하는 것이 전도를 위한 최선의 준비이며, 가장 위대한 소식의 담대한 메신저가 되도록 우리를 변화시킬 것이다.

⟨06⟩ 이미지 활용의 가치

어렸을 때 내가 살던 집에는 전정(현관 앞 대기실을 말-옮긴이)
이 있었다. 전정은 요즘 건축에서는 잘 보이지 않는 구조물인데
다가 잘 사용하지 않는 단어이기도 하다. 집의 외부에 만들어진
이곳은 외부와 내부 사이의 잠시 머무는 장소로 기능한다. 우리
형제들과 내가 캠핑이라도 다녀왔다면 어머니는 집안에 들어오
기 전에 냄새나고 먼지 묻은 옷을 그 전정에서 벗고 들어오라고
말씀하셨다.

C. S. 루이스는 세속 작가들을 비판할 때면 이 이미지를 집어넣었다.
이를테면 "그런 작가들은 '이 세상을 영원의 전정으로' 보지 않았다."[90]
이런 식이었다. 잠시 이 말이 떠올리는 이미지의 의미에 잠겨 보자. 이

세상은 다른 세상으로 이어진다. 이곳은 잠시 머물다 가는 곳이며 중간 기착지이지 정착할 곳이 아니다. 우리의 진짜 목적지는 다른 곳에 있다. 루이스가 지성인들에게 어떤 정보를 주려고 이런 식의 단순한 문장을 던진 것이 아니었을 것이다. 그의 목적은 상상력을 불러일으키기 위함이었다.

이 점이 루이스의 전도 전략과 다른 전략들이 극적으로 다른 것이다. 루이스는 평이한 설명 대신 자신의 전도에 이미지라는 양념을 넣어 마법을 건다. 이 책을 읽기 전에 먼저 루이스의 책을 세 줄만 읽었더라면 적어도 그중 두 줄에는 단순한 논설이 아닌 이미지를 담고 있음을 알게 될 것이라고 나는 장담한다. 루이스의 글을 읽으면 "그의 말이 맞네." 라고 할 뿐만 아니라, "굉장히 좋아."라는 말도 덧붙이게 된다.

이번 장은 전도에서 상상력이 어떤 역할을 할지를 탐색할 것이다. 전도를 위한 노력 대부분이 사람들의 마음을 건드리지 못하지 않는가 염려스럽다. 신학적으로 적절한 지적이라 하여도 그것들이 지성인들의 논리를 넘어서지는 못할 것이다. 루이스는 이런 불균형을 고치기 위한 우리의 노력에 도움을 줄 수 있다. 내 말을 주의해서 들어주길 바란다. 건전한 신학의 중요성을 간과하려는 것이 아니다. 이 시대의 피상적인 신학이 온통 주변에 성행하고 있으므로, 나는 다양한 측면을 가진 사람들에게 다면적인 복음을 제시하라고 강변하고 싶은 것이다.

마법을 거는 루이스

C. S. 루이스는 뼛속 깊숙이 시인이었다. 한 시집에는 그의 시가 100편 이상 들어 있다. 그런데 그의 이미지 형상화는 시를 넘어 소설이나 기타 그의 모든 저작에 녹아들어 있다. 나니아 연대기 시리즈인 『사자, 마녀 그리고 옷장The Lion, the Witch and the Wardrobe』을 어떻게 쓰게 되었냐는 질문을 받은 루이스는 나니아 시리즈 일곱 편 모두가 "내 머릿속에 보이는 그림으로 시작되었습니다. 처음부터 이야기가 나온 것이 아니라 그냥 그림이었던 것이죠."라고 대답했다.[91]

그의 비소설에 풍부하게 사용된 이미지의 예를 들어보자. 그는 『고통의 문제』에서 고통을 "귀먹은 세상에 외치는 (하나님의) 메가폰"[92]에 비유했다. 우리가 하나님의 선하심을 추구하기보다 이생에서의 즐거움에 안주하려는 경향을 『영광의 무게』에서는 "바닷가에서 휴가를 보내는 의미를 상상하지 못하기 때문에 웅덩이에서 진흙으로 파이를 만드는 일을 고집하는 순진한 아이"[93]에 비교했다. '우리는 너무 쉽게 만족한다'라는 평이한 말로는 진흙 파이나 해변의 휴일에 대한 이미지처럼 감정을 끌어내지는 못했을 것이다.

개인적으로 주고받은 루이스의 서신에서도 이미지 형상화가 빠지지 않는다. 세상을 떠나기 겨우 몇 달 전에 그는 혼수상태에 빠졌다가 다시 살아난 적이 있었다. 그때의 경험을 평생 친구였던 아서 그리브스에게 보내는 편지에서 다양한 이미지를 활용해 적었는데, 마지막 문장에서는 농담으로 최후의 펀치를 날린다. "그래도 적어도 나는 불행하지 않았어. 오히려 7월에 되살아난 것이 아쉬울 지경이었다네. 무슨 말인 가 하면, 그렇게 아무런 고통 없이 하늘 문으로 미끄러져 올라갔는데 그 문이 면전에서 닫히는 것을 보니 안타까웠지. 모든 과정이 언젠가 다시, 어쩌면 훨씬 덜 유쾌하게 끝나야 한다는 것을 아니까 말일세! 불쌍한 나사렛 같으니!"[94]

이야기에 이미지를 섞어 짜자

당신은 믿음에 관한 자신의 여정을 이야기할 때 이미지나 형상을 사용하고 있는가? 분명히 말하지만, 우리는 최우선 순위를 명확하게 이해하고 그것을 분명하게 표현해야 한다. 그렇지만 중간중간 듣고 싶은 마음을 불러일으키는 이미지들을 뿌려 두기를 기억하는 것이 좋다. 내 아내는 자신의 이야기를 이렇게 시작한다. "해적들이 숨겨진 보물을 찾기 위해 모험에 나선다는 이야기를 들어보았겠죠. 그 해적들은 사실 정확히 그 보물이 어디에 묻혀 있는지 몰라도 거기 있다는 사실을 믿고 찾을만한 가치가 있다고 생각하잖아요. 오랫동안 저도 인생에 대해 그렇게 생각했어요. 인생에는 다른 뭔가가 있고 그건 찾을 가치가 있다는 걸 알게 되었어요. 단지 어디에서 찾아야 할지 몰랐을 뿐이었죠." 내 아내와 같은 경험을 공유한 사람들이 많을 것이다.

당신은 어떤 이미지를 사용할 것인가? 그 선택에 도움을 주기 위해 루이스 학자인 마이클 워드Michael Ward가 회심에 관한 루이스의 설명을 찾아 모아 놓은 목록은 다음과 같다.

"그리스도인이 되는 것(사망에서 생명으로 가는 길)은 누군가의 발에 떨어지거나, 누군가의 손에 자신을 놓는 것과 같으며, 연료나 양식을 채우는 것과 같고, 추켜세운 어깨를 내리고 머리를 숙여 미안하다고 말하는 것과 같으며, 자신을 완전히 열거나, 전속력으로 방향을 트는 것과 같다. 회심이란 자신의 일부분을 죽이는 것이며, 길을 걷거나 글쓰기를 배우는 것 같으며, 자신의 돈으로 하나님께 선물을 사드리는 것과 같다. 회심은 물에 빠져 죽어가던 사람이 구조자의 손을 그러잡는 것과 같고, 양철 병정이나 동상에 생명이 살아나는 것 같으며, 오랜 잠에 빠져 있다가 깨어나는 것과 같고, 어떤 사람과 친밀해지는 것이나 그에게 감동받는 것과 같고, 잘 차려고 입거나 연극을 하는 것과 같다. 회심은 아기가 태에서 나오는 것이나 병아리가 알에서 깨는 것과 같다. 회심은 나침반 바늘이 북으로 향하거나 움막이 궁궐로 변하거나 황무지가 개간되어 씨앗을 뿌려 놓은 밭이 되는 것과 같으며, 밭 갈던 말이 날개 달린 페가수스로 변하거나 낡은 비닐하우스 지붕이 햇빛을 받아 빛나는 것과 같다. 회심은 마취제에서 깨어나는 것과 같고, 폭풍을 벗어나 집으로 들어가는 것과 같다."[95]

그리고 루이스는 그 자신의 회심에 대한 이야기도 "군인이 군장을 푸는 것, 눈사람이 녹기 시작하는 것, 범인이 구속되는 것, 여우가 궁지에 몰린 것, 체스 게임에서 체크 당하는 것"[96]이라는 이미지로 묘사하고 있음을 잊지 말자.

루이스가 했던 그 일을 우리도 할 수 있다. 당신에게 그리스도인이 되는 경험을 가장 자연스럽게 묘사하는 이미지는 어떤 것인가? 전도를 위한 대화에 그 이미지를 사용할 준비를 하자.

용을 지나서 훔치기

루이스는 상상력 활용의 이유를 그 자신의 경험에 비추어 설명하였다. "때로는 동화를 이용하면 필요한 말을 가장 잘 말할 수 있다. 나는 이야기가 어떻게 … 어린 시절의 내 종교성을 마비시켰던 금기들을 지나쳐 훔칠 수 있었는지 알았다. … 누군가 그런 경계심 많은 용들을 지나쳐서 훔칠 수 없을까? 나는 할 수 있다고 생각했다."[97] 그래서 그가 맺은 결론은 이랬다. "이성이 진리의 기관"인 반면 "상상력은 의미의 기관이다."[98] 그는 우리가 복음을 주장하는 것보다는 이미지로 접근하는 것이 더 많은 사람에게 다가갈 수 있다고 느꼈다. 적어도 상상력이 장래의 논리적 침투를 위한 더 좋은 교두보가 된다고 생각했다.

루이스가 상상을 이용한 작품을 쓰게 된 동기의 일부는 기존 작품들에 대한 실망에서 나왔다. 공상 과학 소설을 세 편 쓰기 수년 전 그리고 나니아 연대기 시리즈 첫 작품을 출판하기 거의 10년 전, 그는 J. R. R. 톨킨에게 이렇게 말했다. "톨킨 군, 거기엔 우리가 정말로 좋아하는 이야기가 너무 없네. 우리가 나서서 좀 써야 하는 것 아닌가 싶어."[99] 그러

나 그들의 노력에는 단순한 재미가 아닌 더 큰 목표가 있었다. 두 사람
은 인간의 정서가 모두 전인적 인간으로 가는 문이며, 상상의 소설은 단
순한 오락을 제공하는 것 이상의 역할을 하리라는 것을 알고 있었다.

『사자, 마녀 그리고 옷장』에서 루이스는 예수님의 죽음과 부활이라
는 복음을 이야기를 통해 말하는 방식으로 깊은 감동을 불러일으켰다.
불행하게도 이 이야기를 그렇게 여러 번 듣고도 감동이 없는 사람이 많
다. 루이스가 이야기의 방식으로 제시한 사자 아슬란이 돌 탁자에 묶
여 눕혀서 죽임당하는 장면은 독자들의 감정을 얼마나 강력하게 움직
였는지 읽으면서 눈물을 흘린 사람들이 많았다고 한다. 루시와 수잔이
걷잡을 수 없이 울던 것처럼 그 이야기를 듣는 우리도 예수님이 죽었다
는 공포로 감정의 소용돌이에 빠지게 만든다.

다음에는 아슬란이 살아나 루시와 수잔이 기뻐하는 장면이 나온다.

> "너는 어, 어, 아니지?" 수잔이 떨리는 목소리로 물었다. 감히 유
> 령이라는 단어를 입에 올릴 수가 없었다. 아슬란은 황금빛 머리
> 를 굽혀 수잔의 이마를 핥았다. 사자의 따스한 숨결과 그의 갈
> 기에서 뿜어지는 강한 냄새가 그녀를 온통 감쌌다.
> "내가 유령 같아 보여?" 사자가 말했다.
> "이런, 너 진짜구나, 진짜야! 오, 아슬란!" 루시가 소리를 질렀
> 고, 두 소녀는 사자에게 뛰어들어 그에게 키스를 퍼부었다.[100]

루이스는 전도에서만 이미지 형상화를 채용한 것이 아니었다. 그것은 그리스도인들이 성장하도록 돕는, 그가 선택한 무기였다. 성숙한 신자들도 간혹 우리를 성화시키기 위해 하나님이 사용하시는 잔가지 제거작업에 저항한다. 그런데 그런 사람들도 잘 구현된 이야기에서 자신을 발견하면 그러한 저항이 약해지기도 한다. 루이스의 책을 읽으면 『새벽 출정호의 항해The Voyage of the Dawn Treader』에서 유스티스가 드라곤의 모습에서 벗어나는de-dragoned 그 고통스런 과정을 결코 잊지 못할 것이다. 유스티스는 마음속에 드라곤과 같은 욕망이 있었고 그로 인해 드라곤으로 변하게 된다. 연못에 비친 자신의 모습을 본 그의 공포는 그를 보는 우리마저도 놀라게 만든다. 드라곤의 피부를 벗어버리려 노력했지만 혼자서는 아무리 애를 써도 효과가 없었다. 오직 그의 구원자인 아슬란이 몸이 찢기는 듯한 과정을 거쳐 드라곤의 껍질을 제거해 주었을 때야 간신히 그 자신의 모습으로 회복할 수 있었다.

죄ㅡ나를 상하게 만들고 내 어린 시절을 일그러뜨렸던ㅡ에 관한 직설적인 교훈은 정보를 준다. 우리가 자신을 구원하거나 나 스스로 성품을 거룩하게 만들 수 없음을 아는 것도 도움이 된다. 그러나 유스티스의 변신이라는 이미지는 (사람이 용으로 그리고 다시 사람으로 돌아오는) 내 죄를 훨씬 더 혐오하게 만들고, 과정이 고통스럽더라도 하나님의 성화작업을 더 열망하게 만든다.

루이스가 변화 과정을 묘사하기 위해 사용했던 다른 이미지가 있다.

"여러분은 자신이 쓸만한 자그마한 시골집으로 만들어질 것이라고 생각했습니다. 그런데 하나님은 궁전을 건설하고 계십니다. 하나님이 그곳에 오셔서 직접 거기에서 사시려는 것입니다."[101] 사뭇 다른 예화이지만 이로 인해 독자들은 하나님에 의한 개조 작업을 훨씬 더 간절히 원하게 된다.

어떤 이들은 이미지 형상과 상상력에 관한 강조에 의구심을 가질 수 있다. 이미지가 단순히 감정을 조작하는 것으로 사용되지 않을까 염려하는 것이다. 루이스도 그러한 염려를 예상하고 이런 식으로 풀어놓았다. "여러분은 제가 마법의 주문을 외우려고 한다고 생각하십니까? 어쩌면 그런지도 모르겠습니다만, 옛날 이야기를 기억해보세요. 주문은 사람들을 유인하기 위해서 외우기도 하지만 그 마법을 깨트릴 때도 사용됩니다. 여러분과 나는 거의 백 년 동안이나 우리에게 덧입혀졌던 세속성이라는 악한 마법에서 우리를 깨울 최고로 강력한 주문이 필요합니다."[102] 그는 먼저 1941년에 그러한 경고를 전했다. 그 이후 세속화라는 버섯이 어떻게 자랐는지를 생각해보라. 관능, 방종, 물질주의, 그리고 수십 개의 '주의主義'들이 우리를 침투하여 완전히 둘러싸고 있기 때문에 우리는 그 어느 때보다도 루이스의 '주문'이 필요하다.

한 심리학자가 최근 〈월스트리트저널〉 지에 어린이들의 불안과 우울증을 돕는 방법에 관한 기고문을 실었다. 그녀는 이렇게 시작했다. "심리치료사인 나는 청소년기의 아동에게 우울증과 불안증이 그렇게 흔한 이유를 설명해달라는 요청을 종종 받습니다. 가장 중요한 해명

중의 하나―그리고 가장 무시되는 것―는 종교에 대한 관심이 하락한 것입니다." 그녀는 계속해서 그러한 종교성 하락과 그것이 어린이에게 미치는 부정적인 효과를 문서로 발표한다. "허무주의가 불안과 우울의 보양제가 되고 있으며, '현실적'인 인간은 과대평가 되어 있습니다. 힘든 시절에 기댈 수 있는, 보호와 인도를 제공하시는 하나님에 대한 믿음이야말로 갈수록 비관적이 되는 세상에서 자녀를 위해 최선의 도움이 됩니다." 그러나 만약 부모가 하나님을 믿지 않는다면 어떨까? "부모님들이 종종 이렇게 묻습니다. '내가 하나님이나 천국을 믿지 않는다면 죽음에 대해 내 자녀에게 어떻게 말하면 될까요?' 내 대답은 항상 같습니다. '거짓말이라도 하세요.' 그냥 죽어서 흙으로 돌아갈 것이라는 답변은 어른들에게는 괜찮을지 모르지만 자녀들에게는 도움이 되지 않습니다." 계속해서 그녀는 우리가―비록 죽어야 하는 운명이지만― 이 무너진 세상에서 주변에 퍼져 있는 나쁜 이미지를 물리치기 위해서라도 자녀들에게 천국의 이미지를 제공하라는 처방을 내린다.[103]

우리는 그녀가 제시한 처방보다는 더 나은 일을 할 수 있다! 우리는 거짓말을 할 필요 없이 진실한 천국의 이미지를 제공할 수 있으며, 또 반드시 그렇게 해야 한다.

그러한 상상력의 가치에 대해 C. S. 루이스보다 훨씬 더 위대한 권위자가 우리에게 있으니, 바로 성경이다. 그런데 성경을 다루기 전에 먼저 잠시 적용의 시간을 갖기로 하자. 지금 당신의 삶에 하나님이 어떻게 일하고 계시는지를 표현해주는 이미지에 대해 생각해보자. 어쩌면 당신은 향유, 우물, 생명보호장구, 위안, 들어주기, 기댈 수 있는 어깨, 최고의 상담가, 혹은 영원한 친구와 같은 이미지로 묘사할 것이다. 믿는 이들과의 소모임에서 그런 이미지 표현을 연습해보라. 돌아가면서 자신의 믿음의 여러 면을 담을 수 있는 이미지나 예화를 나누도록 한다. 서로 각자의 창의력을 불러일으킬 수 있음을 알게 될 것이다. 그런 다음 그 이미지 중의 하나를 가지고 비그리스도인에게 시험해보라. 오랜 기간 당신이 말씀을 증언하고자 했으나 당신의 이야기를 묵살했던 사람들이 있지 않은가? 막혔던 그들의 영적 고막을 그 이미지로 뚫게 될지도 모른다.

성경의 풍부한 이미지를 활용하자

성경에도 이미지가 가득하다. 우선 성경은 이야기가 가진 특성이 있다. 어떤 이들은 하나님은 말씀의 절반 이상을 이야기를 통해서 하신다고 추산한다. 하나님은 선포의 문장으로 자신을 더 간결하게 드러내실 수 없었을까? 물론 그러실 수 있었겠지만 그렇게 하지 않으셨다. 왜 그럴까? 그것은 이야기들이 우리를 온전한 사람이 되게 하기 때문이다. 이야기는 우리가 얻어야 할 교훈을 더 깊고 길게 전달한다. 사실 때로 긴 이야기가 짧은 교훈은 할 수 없는 방식으로 여운을 남긴다. 하나님으로부터 멀어진 이스라엘에—그들의 역사를 통틀어 거듭해서—관해 읽고 나서야 비로소 나는 그들과 내가 다름없이 행하는 나 자신의 성향을 돌아보기 시작했다.

다음에 성경에서 이야기 부분을 읽을 때는 이렇게 시도해보라. 요약된 설명으로는 할 수 없는 일을 하는 이야기는 어떤 이야기인가. 특별히 필요 이상으로 길어진 이야기에 대해서는 그 이야기를 들려주는 최고의 스토리텔러가 왜 자신의 책이 그런 식으로 쓰이도록 영감을 주었는지 그 이유를 물어보라. 예컨대, 나단은 다윗의 간통 사건을 비난하기에 앞서 먼저 다윗에게 (그리고 우리에게) 분노를 일으킬만한 이야기를 한다(삼하 12장). "양과 소가 심히 많은" 부자가 가난한 사람의 "작은 암양 새끼 한 마리"를 빼앗아 죽이는 극적인 이야기는 그냥 "나단이 다윗에게 가서 그가 죄를 지었음을 말하였다."라고 진술하는 것보다 더 읽는 사람의 의로운 분노에 불꽃을 당긴다.

두 번째, 성경에는 시(詩)의 특성이 있다. 시는 산문이 하지 못하는 방식으로 감정을 일으킨다. 그것들은 각종 다양한 감정을 증폭시키기도 한다. 선지자들은 단지 의례적인 행위가 아니라, 사람들의 마음을 변화시키기 원했기 때문에 시로 자신들의 메시지를 전달했다. 이스라엘에게는 이미 하나님이 내리신 직접법이 있었다. 그런데 그들은 그 율법에서 돌아섰다. 시적 특성을 가진 선지자들은 경계심이 많은 용에게 들키지 않고 반역자들을 구하려 했던 것이다.

다음에 시로 쓰인 성경의 책들(욥기, 전도서, 시편, 잠언, 아가서) 중 하나를 읽을 때, 혹은 선지서 중에서 시의 형식을 띤 부분을 읽기 전에 그 책이나 그 부분의 메시지가 왜 일반 텍스트를 통해서보다 시를 통해 더 강력한 힘을 발휘하는지 질문해 보자. 고난은 그 고난에 대한 이해 보다 인내를 더 많이 요구하며, 욥의 시는 철학적인 논고들보다 그 역할을 더 잘한다. 전도서에서 말하는 인생의 의미와 시편의 하나님에 대한 경배, 잠언의 현명한 삶이 주는 당혹감, 솔로몬의 아가서에 표현된 남녀 간의 사랑의 아름다움에 대해 같은 질문을 해보자. 우리에게는 데이터로 꽉 찬 문장보다 인생의 그런 다양한 면들을 시적으로 표현한 이미지가 필요하다.

세 번째, 예수님이 어떻게 이미지를 통해 우리를 사로잡았는지에 대해 감탄하자. 우선 예수님이 요한복음에서 자신을 표현한 일곱 가지 'I AM(나는 ○○ 이다)' 문장을 떠올리는 것에서 시작하라. '나는 생명의 떡이다'(6:35), '나는 세상의 빛이다'(8:12), '나는 문이다'(10:7), '나는 부활이요 생명이다'(11:25), '나는 좋은 목자이다'(10:11), '나는 길이요 진리요 생명이다'(14:6), '나는 참 포도나무다'(15:1). 이 말씀들을 하나씩 되짚으면서 각각의 이미지가 불러오는 정서에 잠겨 보자. 그것들은 무엇을 전하고 있는가? 당신이 전도하고자 하는 비그리스도인 친구들과 지인들에게는 그 이미지들이 무슨 말을 하게 될 것인가?

복음서를 이어 읽으면서 예수님이 심오한 진리를 가르치실 때 어떤 이미지를 사용하셨는지 찾아보는 방법도 있다. 예수님은 제자들에게 "세상의 소금"(마 5:13)이 되라고 하시지만 하나님의 적대자들에게는 "독사의 자식들"(마 12:34)이라고 혹평하셨다. 예수님은 예루살렘에 대한 자신의 사랑을 "제 새끼를 날개 아래"에 모으는 암탉(눅 13:34)에, 목자가 "양과 염소를 구분하는"(마 25:32) 모습을 마지막 때의 하나님 심판에 비견하셨다. 예수님은 몸을 숨길 굴이 없는 여우, 낡은 포도주 부대에 담긴 새 포도주, 아들에게 떡 대신에 돌을 주는 아버지, 눈의 티와 들보 등 수많은 비유들을 말씀하셨다.

예수님의 가르침이 그런 비유들 없이 진행되었더라면 그 잠재력이 얼마나 감소 되었을지 생각해보라. 예를 들어 예수님은 자기의에 가득찬 바리새인에게 그의 죄가 세리들이나 창녀들의 죄만큼이나 무겁다고 평이하게 말 할 수 있으셨다. 그 대신 예수님은 잃어버린 양, 잃어버린 동전, 두 아들이라는 세 가지 예화를 드셨다(눅 15장). 예수님은 두 아들을 극적으로 대조 비교시키신다. 이어 큰아들도 작은아들 못지않게(오히려 더 크게!) 아버지에게 불효했다는 비난으로 나아간다. 그리하여 형에게 감정이입 하는 동정파의 힘을 빼앗고, 단순히 '당신의 죄는 정말 나빠요'라고 말하는 것보다 훨씬 더 강력한 타격을 가했다.

마지막으로, 신약성경 전반에서 복음을 묘사하기 위해 사용되었던 다양한 이미지들을 떠올려보자. 그것들은 의롭게 하심, 구원, 부활, 구속, 속죄, 영원한 생명, 거듭남, 화해, 그 이상의 것들로 불린다.[104] 만약 이러한 것들이 지루한 신학적 용어로 들린다면 그 의미를 풀어서 생각하라. 하나님은 우리가 죄 없다고 선언하신다. 하나님은 우리를 멸망에서 구하시고 새로운 피조물로 만드신다. 그는 우리의 죄값을 치르신다. 그는 우리에게 생명을 누릴 기간을 연장하시되, 그 기간에는 만기가 없다. 그는 두 팔을 벌려 불순종과 방황에서 돌아오는 우리를 환영하신다.

그런 이미지는 단순히 교리를 가르치는 것에 비해 훨씬 더 많은 일을 한다. 그리고 그 이미지들의 다양함은 전도에서 중요한 의미를 지닌다. 다양한 사람들이 다양한 이유로 다양한 시작점을 가지고 복음에 입문하게 된다. 자신이 한 일에 대한 죄의식을 가진 사람에게 복음의 용서 메시지는 자유를 선사할 것이다. 자신에 대해 수치심을 가지고 있는 사람들도 있다. 그들에게는 복음의 양자의 메시지가 새로운 정체성을 제공한다. 어떤 사람들은 하나님 존재를 믿어도 그에게서 멀리 떨어져 있다고 느낀다. 복음이 제공하는 화해는 그들이 갈망하던 하나님과 연합하게 한다.

물론 우리는 성경의 직설적이고 교훈적인 가르침을 인정하고 즐거워해야 한다. 성경은 다양한 문학적 장르로 우리에게 다가온다. 시편, 전도서, 아가서가 있지만, 로마서, 에베소서, 유다서도 있다. 예수님은 비유로 말씀하셨지만 또 신학을 가르치기도 하셨다. 그러므로 이미지 활용을 이성에 반대하는 것, 또는 시적 표현의 사용을 서신서에 반대하는 것이라는 오류에 빠지지 말자. 모든 장르에는 그것만의 강점들이 있고, 모든 장르에 그것만의 한계가 있다. 하나님은 그 모든 것에 영감을 불어넣으셨다. 그리고 그 모든 성경의 책들이 말을 통해 전달된다는 사실에 주목하자.

언어보다는 이미지가 메시지 전달에 더 효과적이라고 주장하는 사람들이 많다. "천 마디 말보다 그림 한 장"이라는 말을 그들은 즐겨 사용한다(그렇지만 그 주장을 말로 하고 있다는 사실은 인정하지 못하지만). 성경학자 피터 아담Peter Amdam은 이런 말로 그런 상투어에 대응하길 좋아한다. "그 생각을 전달하기 위해 당신은 그림이 몇 장이나 필요할까요?"[105]

상상력을 활용한 복음 전도

전도를 위해 하나의 이미지만 선택해야 한다면 당신은 무엇을 선택하게 될까? 땅에 묻힌 보화 찾기? 아니면 집의 리모델링? 새 지위를 얻거나 새 이름을 받는 것? 또는 새 옷을 입는 기분이나 다른 나라의 시민권을 획득하는 것? 그런 이미지를 몇 문장으로 써보라. 글쓰기는 단숨에 당신의 사고를 명확하게 만들 것이다. 그리고 그 내용을 비그리스도인들과의 대화에서 적극적으로 활용하여 그들의 닫힌 마음이 밀어 열리지 않는지 보라.

이미지 활용에 관해 토론하다 보면 선함과 진실 그리고 아름다움을 고양하는 새로운 예술의 물결을 일으켜야 할 필요가 더 커진다. 만약 당신이 음악, 미술, 영화 혹은 다른 미학적인 직업을 가지도록 하신 하나님의 소명을 느낀다면 그것을 밀어붙이라. 우리가 사는 이 세상에는 더 많은 나니아 연대기와 중간계에 관한 소설, 더 많은 노래와 영화, 텔레비전 시리즈, 다른 세상에 대해 육적인 것을 탐하기보다 천국을 향한 염원을 고양하는 책들이 절실히 필요하다.

루이스는 예비 학자들에게 "전쟁의 때에 배우라"(다시 말해 계속해서 학문하라)고 독려했다. 왜냐하면 "지금 우리가 무지하고 단순하다면—자기의 땅에서도 적에 대응할 수 없기에ㅡ 우리는 무기를 버리는 것과 같습니다. 그것은 하나님 아래 우리 말고는 이교도들의 지적 공격에 대항할 방어책이 없는 무지한 형제들을 배반하는 것입니다. 나쁜 철학은 반격되어야 합니다. 그러므로 다른 이유가 없다면, 좋은 철학이 존재해야 합니다."[106]

이와 마찬가지로, 다른 이유가 없다면 좋은 이미지가 존재해야 한다. 나쁜 이미지를 반격해야 할 필요가 있기 때문이다. 우리는 확장된 규모(영화 제작, 출판 등)로나 개인적인 수준(복음 관련 대화에 이미지를 직조해내는 일)으로 하나님이 우리에게 주신 창의력을 갈고 닦아 그분이 우리에게 넣어주신 그 사모함에 연결되어야 한다. 상상할 수 있는 가장 아름다운 이야기를 들을 때 사람들이 온 마음을 열어 응답하게 될 것이다.

07 적대감에 대비하라

　C. S. 루이스의 책에서 그의 간단한 이력을 살펴보면, 그가 옥스퍼드와 케임브리지에서 학생들을 가르쳤다는 것을 알려준다. 루이스는 옥스퍼드에서 일생 대부분을 보내고(29년 동안) 이후 옮긴 케임브리지에서는 마지막 칠 년 동안 재직했을 뿐이다. 그렇게 긴 시간 옥스퍼드에 있었는데 왜 옮겼을까. 루이스의 더 자세한 이력을 보면 거기에는 개인적인 문제로 인한 원인이 상당 부분 포함되어 있으며, 그의 신앙에 대한 적지 않은 박해가 있었기 때문임을 알게 된다.

　루이스의 옥스퍼드 대학 동료들은 그가 대중 강연에서 종교에 관해 그렇게 많은 시간을 보내고 학문적 전공에서는 그러지 않은 것을 달가워하지 않았다. 그들은 루이스가 『고통의 문제』라거나 『스크루테이프의 편지』 같이 대중적인 책들이 아닌, 『16세기 영국 문학(희곡 제외)』과 같은 권위 있는 학문적 저작을 출판하기를 바랐다.

루이스는 그런 반대가 있음을 모르지 않았다. 동료 옥스퍼드 교수 J. R. R. 톨킨은 이렇게 설명했다. "루이스는 BBC의 방송 요청을 받아들일 때 이런 일(그가 당한 박해)이 있을 줄 알았다. … 그가 그렇게 한 것은 자신의 양심에 따랐기 때문이었다."[107]

루이스가 어떻게 동료들(심지어는 그리스도인들)에게서 따돌림을 당했는지 그리고 옥스퍼드에서 몇 번이나 승진이 좌절되었는지 여러 자료가 말해준다.[108] 옥스퍼드에서 그렇게 오랜 기간을 재직했다는 것을 고려하면 승진하지 못한 것은 얼굴에 뺨을 맞은 것과 같았다. 그와 반대로 케임브리지는 일류 학자에게 걸맞은 존중을 해주었고, 그에게 중세 및 르네상스 문학 석좌교수직을 새로 신설하여 제공하였다. 케임브리지는 이런 명망 있는 직책과 함께 옥스퍼드에서 받는 급여의 세 배 이상을 제안했다. 그럼에도 옥스퍼드를 너무나 사랑한 루이스는 케임브리지의 제안을 두 번이나 거절한 후에야 마침내 새 직책으로 옮기라는 톨킨의 설득을 받아들였다.[109]

놀라지 말라

루이스가 받았던 것처럼 우리도 복음을 위해 일어설 때 박해가 있을 수 있음을 예상해야 한다. 만약 당신이 순전한 전도를 추구하고자 한다면 그와 마찬가지로 '순전한 반대'에도 준비되어야 한다. 성경은 미움과 박해에 대해 충분히 경고한다. 그럼에도 여전히 우리는 그런 일을 당하면 놀란다. 어쩌면 그것은 많은 이들이 기독교가 존경받는 국가나 적어도 오랫동안 허용되던 지역에서 살고 있기 때문일 것이다. 이제 우리는 정의, 도덕적 선, 진리의 고수로부터 점점 더 멀리 멀어지는 변화가 바로 눈앞에서 벌어지는 세상에 살고 있다.

사람들이 예수님에게 어떻게 대했는지 보라. 예수님이 마귀 들린 사람에게서 마귀를 쫓아내 돼지 떼로 들어가게 하자 사람들은 "그 지방에서 떠나시기를 간구"했다(마 8:28-34). 예수님이 안식일에 병자를 고치시자, "바리새인들이 나가서 곧 헤롯당과 함께 어떻게 하여 예수를 죽일까 의논"(막 3:6)했다. 그 바리새인들과 헤롯당은 서로 미워하던 사이였다. 바리새인들은 헤롯당 사람들을 압제자로 보고 깔보았었다. 그런데 예수님이 병자들을 고치도록 하지는 못할망정 예수님을 죽이는 일에는 자신들의 최대의 적과도 팀을 이루었던 것이다.

예수님의 제자들에게도 미쳤던 그런 미움은 바로 이날까지 이어진다. 사도행전은 초대 교회가 받았던 박해에 관한 보고들로 가득하다. 바울은 감옥에서 여러 편의 서신서를 썼으며, 감금, 채찍질과 매질을 당한 것과 돌로 침을 당한 일에 관해 적었다(고후 11:23-25). 결국 바울은 복음을 선포했다는 이유로 처형되었다. 신약의 다른 저자들도 우리에게 박해를 예상할 것을 촉구하면서 그로 인해 "놀라지 말라"라고 교훈한다(요일 3:13, 벧전 4:12).

어찌 된 셈인지 우리는 전도를 위한 사도적 노력에서 박해에 대한 준비를 빼놓고 말았다. 새신자와 청년 그리스도인이 세상에서 받을지도 모르는 비우호적인 대응에 어떻게 대할지 준비 시키지 못하였다. 물론 전도 훈련에는 복음의 간결한 요약, 일반적인 질문에 대한 답변, 분명한 메시지 전달법, 응답 요청과 같은 것들을 중심에 두어야 한다. 그러나 우리는 또한 거절을 어떻게 다루어야 할지에 관해서도 이야기해야 한다.

되받아치기

세상의 반대에 맞서는 강력한 해독제는 그리스도에게서 나온다. 우리 구주에 대한 사랑이 외부자들의 거절을 다룰 힘을 우리에게 준다. 베드로가 박해를 견디라고 교회를 격려하는 첫 편지를 쓸 때, "예수 그리스도를 죽은 자 가운데서 부활하게 하심으로 말미암아 우리를 거듭나게 하사 산 소망이 있게 하시며 썩지 않고 더럽지 않고 쇠하지 아니하는 유업을 잇게 하시나니"(벧전 1:3-4)라는 말로 시작한 이유이다. 초대 교회 교인들은 "여러 가지 시험으로 말미암아 잠깐 근심하게 되지 않을 수 없으나"(벧전 1:6) 이 진리를 마음의 한가운데 간직해야 했다.

당신의 마음은 그런 거절의 표현을 복음의 경이로 포위할 수 있는가? 하나의 현실이 다른 실재에 그늘을 드리우고 있는 것이 보이는가?[110]

여기 하나의 예—C. S. 루이스가 즐겨 차용했던 도구—가 도움이 될지 모르겠다. 당신의 총수입이 겨우 100달러(어느 것이든 당신에게 적절한 환율로 환산하라)인데, 누군가 그 100달러를 훔쳤다고 상상하라. 그것은 엄청난 재난일 것이다. 그렇지만 당신의 자산이 10억 달러가 넘는데 100달러를 도둑맞았다고 가정한다면 손실의 총액은 같지만 그 영향은 극적으로 다를 것이다. 우리의 영적 총량, 즉 그리스도 안에서의 우리의 부유함은 수십억 달러의 값어치가 될 것이다! 누군가 우리가 복음의 증인이라는 것으로 인해 우리를 욕보인다면 그 상처는 주머니 안의 잔돈에 불과할 것이다. 만약 우리가 얼마나 영적으로 부유한지 깨닫는다면 다른 사람의 긍정적인 반응을 얻지 못해도 그 상처는 수십억 갑부에게서 백 달러 손실과 같이 미미할 것이다.

분명, 박해에 맞서 우리 자신을 보호하는 일은 단순히 위와 같은 예를 기억하는 것보다는 훨씬 더 많은 것이 요구될 것이다. "사람을 두려워하기보다 하나님을 두려워하기 때문에 두려움 없이 전도할 수 있어."라는 단순한 말로 즉각 혼란을 없앨 수는 없다. 그러나 그 말이 콘크리트처럼 우리의 영혼에 단단히 굳어지도록 할 필요가 있다. 그러기 위해 우리는 성경 공부와 예배, 그리고 그리스도 안에서 우리의 '온전함'을 묵상(골 2:10을 보라)해야 한다. 우리는 "예수 그리스도의 은혜와 그를 아는 지식에서 자라"(벧후 3:18)갈 필요가 있다.

특별한 적대의 종류

우리는 C. S. 루이스가 만나지 못했을 종류의 구체적인 적대에 맞닥뜨릴 수 있음을 간과할 수 없다. 그중의 하나는 동성애 행위에 반대하는 입장 때문에 생긴 증오이다. 세상은 거의 보편적이었던 동성애 반대에서 완전히 공공연한 찬성(다른 다양한 성적인 죄와 더불어)으로 돌아섰다. 그 선을 살짝만 밟아도 격정적인 거부에 부딪히게 된다.[111] 하나님에 대한 믿음으로 생긴 세상과의 반목은 그 정도는 다양하지만, 성애에 관련해서는 강한 비난이 쓰나미처럼 몰아닥칠 것이다. 하나님이 설계하신 성은 사람을 강력하게 변화시키기도 하지만("둘이 한 몸을 이룰지로다", 창 2:24), 성적인 죄악은 그만큼 사람을 강력하게 괴롭힌다("음행하는 자는 자기 몸에 죄를 범하느니라", 고전 6:18).

우리를 반대하는 사람들에 앞서 그 반대 논리를 먼저 말하는 방법도 시도할만하다. 예를 들면 이런 식이다. "이 시대의 기독교 성애관이 우스꽝스러워 보일 수 있다는 건 나도 알아. 성경의 성애에 관한 감각이 놀랍게 협소하다는 것도 잘 알지. 하지만 하나님이 성을 창조하셨으니 어떤 것이 가장 좋은지는 그분이 아시겠지." 루이스는 『순전한 기독교』에서 이렇게 표현했다. "순결은 기독교의 미덕 중 가장 인기가 없지만 거기에서 벗어날 방법은 없습니다."[112]

우리가 확고한 생각을 가지고 있다고 상대방도 잘 받아들일 것이라고 순진하게 생각하지 말자. 언제나 그리스도인들은 성경의 도덕관으로 인해 박해를 받아 왔다. 그 대상이 1세기와 2세기에는 간통이나 낙태에 대한 것이었다면 오늘날은 동성애에 대한 비난으로 바뀌었을 뿐이다.[113] 헤롯 왕이 동생의 아내를 "취한 것"(막 6:18)을 대놓고 비난했던 세례 요한은 그로 인해 목이 날아갔다. 언제나 역사의 반대편에 있었던 그리스도인은 앞으로도 사람들이 침대 안에서 하는 일에 대한 하나님의 판결을 선포하는 것으로 인해 처형—신체적으로나 말로—을 당할 것이다. 그러나 시간이 지나면서 성경에서 금지하는 방식으로 성적 욕망을 추구하던 이들 중 일부는 그 결과가 생각했던 것보다 만족을 주지 않음을 발견한다.[114] 언젠가는 하나님의 은혜로 성적 추구에 실망한 사람들이 자신이 한때 비웃던 그 가르침을 수용할 것을 믿는다.

대화의 어떤 지점에서 동성애에 관한 이야기를 복음에 관한 것으로 옮겨가도록 지혜를 내어야 한다. 이런 식이 가능할 것이다. "성경은 우리 모두가 어떤 성적 행위보다 더 깊은 문제를 가지고 있다고 가르치고 있어. 그 죄는 하나님에 대한 우리의 반역을 말하는 거야. 그 죄가 성애를 비롯한 모든 면에서 우리 모두를 엉망진창으로 만든 거지." 그렇지 않으면 이렇게 제안할 수도 있다. "사실, 누구나—동성애자이거나 아니거나—죄에 의해 성이 왜곡되어 있어. 그건 누구와 자느냐보다 훨씬 더 큰 문제야."

스스로가 방해될 때

그런데 세상만이 유일한 전도의 방해자가 아니다. 성경은 그 반대의 원류 세 가지를 예상하라고 우리에게 경고한다. 하나는 세상이며, 하나는 육신이며, 다른 하나는 마귀이다. 각각이 전도에 독특한 도전을 해온다. 세상의 박해에 대해서는 알아보았으니 이제 우리 자신의 육적인 특성에 눈을 돌려보자. 우리의 복음 선포에 해를 입히는 그것은 우리를 두렵게 만들거나 오만함과 불안감을 유발해서도 가능하다.

우리가 비그리스도인과 신앙에 관한 대화에 들어갈 때 조급해지기 쉽다. 오만은 모습은 이런 식으로 드러날 수 있다. "어떻게 이걸 이해

못 하지? 이렇게 분명한데 말이야!" 물론 그 말을 소리 내서 하지는 않겠지만(그러기를 바란다!), 속으로는 "내가 예수님을 구주로 받아들였듯이 어째서 저들은 그런 양심을 가지지 못한 거지?"라고 놀랄 것이다. 자신의 죄를 용서받았다는 사실에서 오만함을 느끼다니, 그 역설이 느껴지길!

C. S. 루이스는 "오만이라는 죽어 마땅한 죄를 없애기 위해 재빨리 무릎을 꿇어야 하므로"(전도를 위해서나 다른 방식으로) 복음을 선포하기를 원치 않았던 적이 자주 있었다는 고백을 한 적이 있다.[115] 진리를 선포하려다 보면 그 진리에 대한 공로를 인정받으려는 마음을 갖게 되기도 한다. 여러 형태로 나타나는 오만은 어떤 형태를 띠더라도 모두 나쁘다.

자신의 오만을 다루는 방법은 그저 웃어넘기는 것이다. 루이스가 『스크루테이프의 편지』에서 오만을 어떻게 다루는지 그의 코믹한 방식을 보여준 것이 크게 도움이 된다. 이 책은 상급 마귀가 갓 입문한 마귀 훈련생에게 보내는 서신의 형식을 띠고 있다는 사실을 기억하라.

"자네의 환자가 겸손해졌군. 자네가 그 사실에 그의 관심을 끈 것은 아닌가? 모든 미덕은 일단 그 사람 자신이 미덕을 가지고 있다는 것을 알게 되면 우리에게 덜 위협적이지. 특히 겸손의 경우가 그렇거든. 그의 마음이 정말 가난할 때를 놓치지 말고 붙잡게. 그의 마음속에 '이런! 나는 참 겸손해.'라는 만족스러운 깨달음이 희미하게 비치면, 그러면 거의 즉시 오만함—자신의 겸손함에 대한 자부심—이 나타날 것이네. 만약 그가 그런 위험을 깨닫고 이 새로운 형태의 오만함을 억누르려고 한다면, 비록 여러 단계를 거치더라도, 시도 자체가 자랑스럽다고 그가 느끼게 만들어야 하네. 하지만 너무 오래 시도하지는 말게. 왜냐하면 그러다 그가 유머 감각과 균형감을 깨우칠까 봐 두렵기 때문일세. 그렇게 되면 그는 자네를 비웃고 잠자리에 들고 말 것이야."[116]

오만의 육신적인 스펙트럼의 다른 끝단에는 불안insecurity이 자리하고 있다. 불안과 두려움fear은 같은 표현이라고 생각할지도 모르겠지만, 여기서 나는 불안이라는 용어는 두려움과 구별하여 사용한다. 두려움은 외부에서 발화되는 것이지만("사람들이 나를 어떻게 생각할까?") 불안은 내면에서 차오른다("복음을 선포하기에 필요한 것이 내겐 없어"). 전도를 할 때 사람들이 제기할 질문에 충분한 답을 알고 있지 않기 때문에 불안감을 느낄지도 모르며, 사람들과의 소통에 자신이 없는 소심한 성격이라서 부적절하다고 느낄지도 모른다. 아니면 자신의 도덕적 실패로 인해 자신감이 부족할 수도 있다. 그리스도인 대부분은 전도라는 그 과제만 들어도 불안감이 증폭되는 경향이 있다.

C. S. 루이스도 마찬가지였다. 그도 이런 문제로 고심했는데, 형식은 대중적인 토론이었지만 그 내용은 믿지 않는 이들과의 복음에 관한 대화를 진행하려는 누구에게나 적용된다. 이런 식이었다. "변증론자의 작

업보다 한 사람의 믿음에 더 위태로운 것은 없다는 것을 발견했습니다. 믿음의 어떤 교리도 제가 공개 토론에서 성공적으로 변호한 교리만큼 그렇게 특별하고 비현실적으로 보이지 않습니다. 잠깐은 당신을 의지하는 것처럼 보입니다. 그 결과, 여러분이 그 논쟁에서 멀어질 때 그 부실한 기둥보다 더 강한 것은 없어 보이는 것입니다."[117]

불안감에서 놓여나는 방법은 초점을 자신에게서 돌려 우리가 선포하는 메시지에 두는 것이다. 분명 우리는 질문에 답할 준비가 필요하다. 그러나 결코 그런 질문에 대한 답을 할 자신의 능력에 의존해서는 안된다. 어떻게 말로 풀 것인지 최선의 방식을 고심해야 하는 것은 맞지만, 아무리 그 말들을 유려하게 조합한다고 하여도 그러한 말 자체에 자신감을 두어서는 안 될 것이다. 우리의 확신은 우리의 자신감에 있지 않다.

전도 관련 세미나를 진행할 때면 틀림없이 누군가가 이렇게 물어온다. "만약 누가 내가 모르는 질문을 해오면 어떻게 하죠?" 그럴 때 나는 변함없이 이렇게 답한다. "틀림없습니다. 그런 일이 생길 거라고 장담합니다. 문제는 '만약 내가 답을 모르는 질문을 해오면'이 아니라 '언제' 물어올 것인가가 중요합니다." 아무리 복음을 전하다가 말을 더듬더라도 궁극적으로 우리가 전하는 메시지의 진실성과 능력을 믿어야 한다. 내가 답을 모른다고 인정한다고 해서 걱정하는 것만큼 전도에 해로운 영향을 주지 않는다. 사실 솔직한 인정은 겸손의 모델이 되려는 우리의 노력을 강화하는 역할을 하며, 구원이라는 무료 선물을 받고자 질문한 이들에게 필요한 것이다. 그리고 겸손은 일단 물러섰다가 답을 찾아 예수님에 관해 새로운 대화의 장으로 돌아가게 할 기회를 준다.

어쩌면 당신의 육신이 전도에 저항하는 이유가 두려움이나 자부심이나 불안과 같은 것이 아닐 수 있다. 분노가 원인일까? 자비가 부족해서일까? 아니면 죄책감 때문에? 이유가 무엇이 되었든 기도하는 마음으로 당신의 내면에 슬며시 자라나는 그것이 무엇인지 조사해볼 것을 게을리 하지 말라. 그다음에는 용서하시고 깨끗하게 하시는 이중적인 복음의 능력을 바로 그 죄에 성실히 적용하라(요일 1:9). 그러면 당신은 복음의 선포자이자 변화시키는 능력의 구현자로 빛나게 될 것이다.

전장에서 승리하자

세상, 육신, 마귀라는 세 적대자는 서로 합심하기를 잘한다. 그래서 간혹 지금 힘을 발휘하는 것이 그중 어느 것인지 판별하기 어려울 때가 있다. 다양한 공격에 대비하여 여러 방향에서 강하게 서 있을 필요가 있다. 루이스의 『스크루테이프의 편지』는 육신과 마귀가 어떻게 협력하는지 설득력 있게 보여준다. 그는 이렇게 말한다. "어떤 녀석들은 내 편지들이 도덕과 금욕 신학이 다년간 연구한 결과에서 나온 잘 익은 열매라는 식으로 내게 과분한 칭찬을 늘어놓는다네. 그들은 비록 믿음은 덜 가지만 유혹이 어떻게 작용하는지 배울 수 있는, 마찬가지로 믿을 만한 방법이 있다는 것을 잊은 것이지. '악인의 죄가 그의 마음속으로 (다른 사람이 아닌) 이르기를 그의 눈에는 하나님을 두려워하는 기색이 없다. """118

　그렇다면 한편으로 그들의 방식으로 우리를 포섭하려고 노력(롬 12:2)하는 세상이나, 하나님이 아닌 다른 어떤 것을 예배하는 우리의 육신(엡 5:5), 또는 우리를 삼키기 위해 찾아다니는 울부짖는 사자와 같은 마귀(벧전 5:8)는 문제가 되지 않는다. 우리에게 필요한 것은 오직 싸울 만반의 준비일 뿐이다.

　영적 전투에 도움이 되는 한 가지는 마귀를 지칭하는 성경의 여러 이름을 기억하는 것이다. '대적 마귀'(벧전 5:8)라고 불리는 이름은 그가 우리를 미워하고 우리를 해치길 원한다는 의미다. '거짓의 아비'(요 8:44)라 불리는 이유는 셀 수도 없는 방법으로 하나님의 진리를 거스르기 때문이다. 또 '광명의 천사'(고후 11:14)라고 스스로를 지칭하기도 하는데, 그 표현은 악한 일들을 그럴듯하고 무해하게 보이게 만든다. 또 그는 '이 세상의 신'(고후 4:4)으로 불리며 끊임없는 산만함과 관능의 유혹, 그리고 권력에 대한 약속을 사용하여 우리로 진리를 보지 못하게 만든다. 성경의 한 구절은 그를 "공중의 권세 잡은 자"이며 "불순종의 아들들 가운데서 역사하는 영"이라고 밝힌다(엡 2:2). 단 두 구절에서만 보아도 그 악의 힘들이 외부와 내면에서 협력하여 우리를 파멸시킬 수 있음을 알 수 있다.

　잠시 멈추어 자문해보라. 나를 가장 자주 공격하는 마귀의 별명은 무엇인가? 나의 어느 부분이 그의 책략에 가장 약한가? 악마의 거짓말에 상대하기 위해 내가 묵상해야 할 진리는 무엇인가?

영적 전투에서 승리를 가져올 가장 큰 도움은 하나님의 전신갑주를 입는 것이다(엡 6:10-17). 이미 잘 아는 말씀이라고 쉽게 지나치지 말라. 이 부요한 말씀은 충분한 시간을 들여서 공부하고 암송하고 묵상하며 토론할만하다. 그것들을 우리 삶의 모든 부분에 적용하되 특별히 전도라는 과제에 연결해 보라. 영적 무장을 위해 각 무기에 대한 간단한 용도를 살펴보자.

신체의 한가운데를 두르는 '허리띠'는 진리를 말한다. 어떻게 진리를 당신의 인생 중심에 둘 것인가? 당신에게 정기적으로 퍼붓는 거짓 폭탄은 어떤 것인가? 그것들은 어디에서 오는가? 어떻게 하면 성경 읽기와 묵상을 일상생활에서 타협할 수 없이 갈수록 중요해지도록 만들 수 있을까?

가슴을 보호하는 '호심경'은 의로움義이다. 십자가가 완성한 일로 인해 당신이 하나님 앞에 서게 된 것을 잘 말할 수 있는가? 하나님의 자녀된 당신의 지위에 도전하는 다른 '정체성'은 어떤 것이 있는지 밝혀낼 수 있는가? 거짓된 정체성이 당신의 마음을 보호하기보다는 상처를 입히고 있음을 어떻게 알 수 있는가?

당신의 발에 신긴 그 '신'은 당신이 앞으로 나아가도록 돕는 것이며, "평안의 복음이 준비한 것"이다. 복음으로 인해 당신은 전쟁터로 나갈 준비가 되었는가? 우리가 하나님과 평화롭게 지낸다는 사실이 얼마나 좋은 일인지 다른 사람들에게 알리고 싶지 않은가? 당신은 성경의 주요한 구절들을 암송하고 몇 가지 예화를 드는 것으로 복음의 메시지에 설득력을 갖출 수 있는가?

적이 쏜 불화살을 소멸해줄 '방패'는 믿음이다. "너희 안에 계신 이가 세상에 있는 자보다 크심이라"(요일 4:4) 하신 말씀과 "마귀를 대적하라 그리하면 너희를 피하리라"(약 4:7)고 하신 말씀을 당신은 정말로 믿는가? 그리고 그 선언에 의지하고 있는가?

머리를 보호하며 사고의 중심이 되는 '투구'는 구원이다. 하나님은 그의 진노를 당신이 아닌 그의 아들에게 쏟으셨기 때문에 당신이 구원받고, 재앙에서 건짐받았으며, 어둠의 악에서 구원받았고, 하나님의 모든 선하심에서 분리된 채로 영원히 살아야 하는 지경에서 벗어날 수 있다. 이 놀라운 진리가 당신의 사고를 지배하고 있는가?

유일한 공격 무기인 '성령의 검'은 하나님의 말씀을 말한다. 성경의 진리와 그리스도인다운 사고가 다른 어떤 철학이나 세계관 혹은 사상보다 더 당신의 가치관을 이루고 있는가? 교회의 다른 교인들과 "철이 철을 날카롭게 하는"(잠 27:17) 성경 공부를 하고 있는가? 거짓을 보면 하나님이 무엇이라고 하셨는지 떠올리는가?

훨씬 더 많은 것들이 언급될 수 있다. 사실, 더 많은 복음의 말씀이 우리 안에 깊이 뿌리내려서 "우리의 씨름은 혈과 육을 상대하는 것이 아니요 통치자들과 권세들과 이 어둠의 세상 주관자들과 하늘에 있는 악의 영들을 상대함이라"(엡 6:12)라는 말씀을 기억하게 해야 한다.

『스크루테이프의 편지』를 처음 읽을 때는, "이거 참 재밌다! 한참 웃을 수 있겠네!"라고 생각하겠지만 몇 페이지를 넘기다 보면 웃을 일이 아님을 깨닫게 된다. 이와 마찬가지로 처음에는 전도를 즐거운 모험 정도로 상상할지도 모른다. 그러다 애초에 생각했던 것보다 쉽지 않다는 것을 알게 된다. 그러나 사람들의 삶은 너무나도 소중하므로 상황이 힘들어도 포기할 수는 없다. 그것이 아무리 어려운 싸움이라 할지라도 당신의 노력이 영원한 변화를 만들어낼 수 있기 때문이다.

스크루테이프는 그 싸움의 부담이 얼마나 큰지 알고 있었다. 단단히 정신을 차리고 그가 보여준 다음과 같은 어둠의 통찰력을 기억해보자. "길게 보면 우리의 아버지[악마]나 우리의 대적[하나님]은 존재하는 것은 모두, 특히 사람을 '내 것'이라고 말할 걸세. 그들은 결국에 그들의 시간, 영혼, 그리고 육체가 정말로 누구의 소유인지 알게 되겠지. 무슨 일이 일어나든 간에, 확실히 그들 자신의 소유는 아닐 것이야. 지금 그 대적은 자신이 창조한 현학적이고 율법주의적인 근거를 대며 모든 것을 '내 것'이라고 말하지만, 결국에는 점령자인 우리 아버지가 더 현실적이고 역동적인 근거에 기반하여 모든 것이 '내 것'이라고 말하게 되길 희망하는 것이지."[119]

⟨08⟩ 기도의 능력

　라일 도르셋Lyle Dorsett은 루이스의 삶과 작품에 관해 가장 잘 아는 전문가 중의 한 사람이다. 그는 7년 동안 루이스와 다른 여섯 명의 영향력 있는 저자들의 저작물의 보관소인 휘튼 칼리지의 마리온 E. 웨이드 센터의 이사로 재직하였다. 그는 C. S. 루이스의 친구들이 구술한 수백 시간의 역사를 수집하고, 루이스와 그의 아내 조이 데이비드만 Joy Davidman에 관한 책을 여러 권 썼다. 그의 경력에는 휘튼 칼리지와 샘포드 대학의 비손 신학교Beeson Divinity School에서 루이스와 복음주의를 가르치는 20년이 넘는 교수 생활이 포함된다. 그가 어떻게 개인적인 제자도를 통해 목자다운 은사를 발휘했는지에 대해서는 그가 목회했던 교회와 그가 가르쳤던 학교의 많은 사람이 알고 있다. 지난 몇 년에 걸쳐 라일과 내가 우정을 쌓도록 허락하신 하나님께 감사할 따름이다.

그런데 사람들이 잘 모르는 것이 있다. 라일 도르셋이, 그 자신이 인정한 표현대로 말하자면, 예전에는 "적극적인 반反그리스도인"이었으며 "그리스도인들을 비웃고 광신자로 깎아내리기 좋아하던" 분노에 찬 알코올중독의 불가지론자였다는 사실이다. 그는 삼 년도 안 되는 기간에 역사학에서 박사 학위를 마쳤으며, 30세도 안 되는 약관의 나이에 교수직에 오르는 학문적인 성공을 얻었다. 그러나 많은 사람이 그렇듯이 그는 세속적인 성공에도 불구하고 영적으로 충만해지지 못했다. 행복한 결혼 생활과 어린 두 자녀의 재능도 그가 알코올에서 벗어나게 만들지 못했다. 그는 엄청난 술고래였다. 주말과 일주일에 7일 저녁을 거의 술에 취해 지냈었다고 내게 고백했다.

하루는 최근에 그리스도인이 된 그의 아내가 자녀들에게 나쁜 본보기가 될지 모르니 집에서는 술을 마시지 말라고 그에게 부탁했다. 도르셋은 도리어 화를 폭발하고는 술 마신다고 잔소리하지 않을 술집으로 차를 몰았다. 그는 술집이 문을 닫을 시간까지 마셨고 거기다 맥주 6팩까지 더 샀다. 바텐더가 그에게 조심해서 운전할 것을 당부할 정도였다.

도르셋의 이야기를 들으면서 나는 보호하시는 하나님의 능력에 놀라고 말았다. 오랫동안 멀쩡한 정신으로 운전하던 사람의 목숨도 앗아간 "굴곡이 심한 산길"을 라일 도르셋은 술에 잔뜩 취한 채 운전해서 내려왔다. 그때 그가 기억하는 것은 기억하지 못한다는 사실뿐이었다. "그 술집을 나선 다음 몇 시간이 지난 후 공동묘지에 주차되어 있던 내

차에서 잠이 깼지. 그 사이에 무슨 일이 있었는지 전혀 기억나지 않아."
주변에 즐비한 묘비들을 보자 그는 순식간에 정신이 번쩍 들었다. "내가 죽을 수도 있었구나. 어떻게 살아서 저 길을 내려왔을까?" 그는 이렇게 생각했다. "아직은 죽지 않았지만 결국 나는 죽어가는 중이구나."

그는 기도했다. "하나님, 만약 당신이 계신다면 저를 도와주세요." 집으로 돌아오면서 밤새 외박한 자신을 아내가 어떻게 생각할지 걱정했다. 하지만 또 한편으로 마음이 평안했는데 그 경험을 그는 이렇게 표현한다. "차의 옆 좌석 바로 내 옆에 예수님이 앉아 계시고, 그분이 나를 사랑하신다는 것을 알았어!"

그 당시 그가 복음의 메시지에 대해서 몰랐던 것은 아니다. 십 년 전 이미 그의 마음에 씨를 뿌리는 과정이 시작되었다. 대학 학부생이 그의 불가지론적인 사상에 도전한 적이 있었다.

어느 날 한 학생이 이렇게 질문했다. "도르셋 교수님, 교수님은 지성인은 그리스도인이 될 수 없다는 말씀인가요?" 도르셋이 그의 말을 정정했다. "내 말은, 생각이 깊은 지성인이라면 그렇다는 말일세."(마치 그렇게 말하면 의미가 전혀 달라진다는 듯이 말이다.) "G. K. 체스터턴이나 C. S. 루이스의 책을 읽어보셨나요?" 그 학생은 이렇게 도전했다. 도르셋은 읽지 않았음을 인정했다. 다음날 학생이 체스터턴의 『정통Orthodoxy』을 새로 사서 가지고 왔다. "그에겐 그 책을 살만한 여유가 없었지." 40년이 지난 후 도르셋이 내게 말했다. 학생은 책에 서명하고는 그 사인 밑에 그림을 하나 그렸는데, 뜻을 알 수 없는, 돌 덮개가 열려 있는 무덤의 이미지였다. 학생은 그림의 기독교적 의미를 설명하고는 덧붙였다. "저는 항상 제 서명 밑에 이 그림을 그립니다." 그가 책에 적은 내용은 이랬다. "도르셋 박사님께, 이 책이 교수님을 움직여 기독교의 정통으로 이끌기를 기도합니다."

라일은 그의 정성에 감동하여 그 책을 읽었지만 여전히 내용에 확신이 가진 않았었다. 그런데 그 산을 술 취한 채로 운전해서 내려와 집에 도착한 그에게 예전에 읽었던 내용 일부가 퍼뜩 떠올랐다.

"집에 도착해서 아내에게 이렇게 말했네. '내게 무슨 일이 일어난 거 같아.'" 그랬더니 아내는 무심히 답하더라고. '무슨 일인지 알겠네.' 그 주일날 그는 가족과 함께 교회를 찾았다. 그런데 이번에는 이전에 교회에 갔을 때와는 전혀 다르게 느껴졌다. 그의 이야기를 들은 그 교회 목사가 말했다. "『순전한 기독교』를 읽어보실 차례군요." 라일은 그의 말에 따랐고, 이제 그는 그 책이 하나님께서 그가 새로 찾은 구원하시는 믿음을 굳건하게 하기 위해 사용하신 도구라고 말한다.

십 년 후 웨이드 센터의 이사로 재직하는 동안 도르셋은 조지 맥도날드George MacDonald의 책에 관해 문의하는 편지를 한 통 받았다. 그 편지는 중국에서 선교사로 일하다 잠시 휴가를 받은 사람에게서 온 것이었다. 그의 서명 아래에는 돌 덮개가 열려 있는 무덤 그림이 그려져 있었다! 그렇다, 바로 수년 전 라일에게 『정통』이라는 책을 선물했던 바로 그 학생이었다. 이렇게 다시 연결된 두 남자의 눈에서 눈물이 흘렀을 것은 보지 않아도 상상할 수 있겠다. 라일은 그 이야기를 내게 하면서도 목이 메었다. "그 후로 나는 기도의 효력을 확고하게 믿고 있다네."

잊지 말고 기억하자. 기도에는 헌신과 지속성 그리고 지치지 않는 끈기가 필요하다. 우리에게 도움을 주는 C. S. 루이스가 있지만, 성경은 더 큰 도움이 된다. 당연히 둘 다를 읽도록 하자, 옥스퍼드 교수를 시작으로 하여!

힘든 훈련

루이스의 저작을 읽을 때 가장 먼저 떠오르는 어떤 주제들이 있다. 그의 소설이나 비소설, 책이나 에세이, 편지나 친구들의 회고집, 어디에서건 그 주제가 들어 있음이 보인다. 되풀이되는 주된 주제는 기도 제목에 관한 것이다. 그의 편지 많은 곳에서 그 자신을 위한 기도 요청을 포함하여 다른 사람들을 위한 그의 기도가 언급되어 있다. 그는 초기 저작인 『고통의 문제』나 『순전한 기독교』, 두 책 모두가 전도에 관련된 책인데도 기도라는 주제를 피하지 않았다. 다른 저자라면 전도의 책에서는 그런 골치 아픈 문제를 피하려 했을 터였다.[120] 그는 또 『스크루테이프의 편지』에서도 거듭해서 이 주제를 다룬다. 책에서 스크루테이프라는 악마는 기도 요청이란 주제를 "기도라는 고통스런 주제"라고 일컬었다.[121]

어쩌면 루이스가 거듭 기도라는 주제로 돌아가는 것은 그 자신이 기도에 어려움을 겪었던 것에 기인한 것일지도 모른다. 그는 자신이 오래 무신론을 고수했던 이유가 죽어가는 엄마를 고쳐 달라는 기도에 응답을 받지 못했던 어린 시절 고통스러운 경험에서 생긴 것이라고 인정했다. 50년이 지나 그리스도인이 된 루이스는 "대퇴골이 암에 먹히고 다른 많은 뼈에서도 마찬가지로 암이 번성하여 암의 식민지가 되어버린 여인"[122]을 위한 기도에 하나님이 어떻게 응답하셨는지 썼다. 우리는 그가 언급한 여인이 바로 그의 아내 조이라고 추정한다. 그러나 이후에 암은 재발했고, 루이스는 아내를 잃은 슬픔과 고통을 글로 써냈다. "고통이 극심할 때, 다른 모든 도움이 헛될 때, 하나님께 가십시오. 그러면 당신은 무엇을 찾게 될까요? 눈앞에서 문이 쾅하고 닫히고, 안에서는 철커덕철커덕 걸쇠를 이중으로 걸어 잠그는 소리가 들릴 겁니다. 그다음에는 침묵만 있어요."[123] 기도의 어려움을 이다지도 솔직하게 인정하는 글이라니! 그런 사람이 말하는 기도에 대한 글은 독자에게도 크게 도움이 된다. 나는 루이스의 기도 생활에 대해 읽으면 읽을수록 더 열심히 기도하고 싶어진다. 만약 그가 그 모든 고통과 고난을 겪고도 인내하며 기도를 할 수 있었다면 우리도 그럴 수 있다.

회심하지 않은 이들을 위해서 루이스는 어떤 기도를 했을까? 한번은 이렇게 말한다. "나는 두 종류의 기도 목록을 가지고 있어요. 하나는 내가 회심하게 해달라고 기도하고 있는 대상자들의 목록이고, 다른 하나는 감사하게도 이미 회심한 사람의 목록입니다. 첫 번째 목록에 있던 사람들이 점차 그 옆의 목록으로 옮겨 가는 것이 내게 커다란 위로가 됩니다."[124] 셰던 베노켄Sheldon Vanauken이라는 작가는 복음에 관해 루이스와 여러 차례 교류를 가졌는데, 자신이 마침내 그리스도인이 되었을 때 그의 멘토인 루이스가 했던 답변을 이렇게 기록하였다. "내 기도가 응답되었군."[125]

여기서 핵심은 기도에는 인내가 필요하다는 것과 잃어버린 영혼 구원을 위한 기도에는 특별히 더욱더 그러하다는 것이 사실이다. 기도를 중단하고 싶은 유혹이 들 때 혹은 기도의 능력에 의문이 든다면, 그때는 하나님께 나아가 탕자가 돌아오기를 간구할 때이며, 그 간구의 답변으로 눈앞에서 문이 꽝 닫히는 소리를 듣게 되는 것이다.

루이스는 기도에 헌신할 뿐 아니라 변증론에 쏟았던 것과 같은 정도의 지적인 열정을 더하였다. 그는 우리가 왜 그리고 어떻게 기도해야 하는지에 대한 질문을 적극적으로 반추한다. 그의 『말콤에게 보내는 편지: 기도에 관해Letters to Malcolm: Chiefly on Prayer』는 기도라는 주제에 관해서는 지혜의 황금광이다. 루이스는 다른 어느 곳에서 기도에 관해 직설적이고 교훈적인 책을 쓰려고 시도했으나 너무 어렵다는 것을 알게 되었다.[126] 그런데 편지라는 허구적 형식을 채택하자(『스크루테이프의 편지』에서처럼) 그 프로젝트는 성공하게 되었다. 또 『시편 사색Reflections on the Psalms』에서는 깊은 신학적이면서도 현실적인 조언과 특별히 찬양의 핵심 요소에 관해 조언했다.

동시에 루이스는 인간의 지성으로는 기도에 관한 퍼즐을 풀기에 한계가 있음을 겸허하게 인정하였다. 그는 17세기 사상가 블레이즈 파스칼의 말을 인용한다. "파스칼이 말했다, '하나님은 자신의 피조물에게

존엄한 죽음을 허락하시기 위해 기도를 활용하신다.'"[127] 우리의 기도
가 변화를 만들 수 있다는 것을 아는 것이 좋다. 그러나 루이스도 인정
했듯이 기도의 효험은 증명될 수 있는 것이 아니다. "우리가 과학에서
얻는 것과 같은 확실한 경험적 증거는 결코 얻어질 수 없습니다."[128]

루이스는 기도의 능력과 그 신비 모두에 확신했다. 그리하여 비록 우
리는 기도가 어떻게 작동하는지에 대해 모두 설명할 수는 없어도 기도
를 지속할 수 있게 하는 용기를 제공한다. 루이스는 기도에 관해 말할
때는 '효험efficacy'이라는 단어를 즐겨 쓰지만 기도를 어떤 성공의 공
식이나 역학으로 축소하려는 유혹에는 저항한다. 기도를 하는 우리는
보장된 결과를 가져오는 마법의 주문을 외우는 것이 아니며, 또 우리
자신의 이기적인 소원을 이루기 위해 하나님을 '이용'하는 것도 아니다.

루이스는 응답받지 못한 기도라는 가시 돋친 문제를 피하지 않았
다. 어떤 사람들은 기도가 응답받지 못하는 이유는 오직 그 간구자의
믿음의 부족 때문이라고 생각한다. 그런 생각에 대해 루이스가 대답
할 만한 가능성 있는 반박은 다음과 같다. "모든 간구자 중의 가장 거
룩한 이가 겟세마네 동산에서 가능하면 잔을 피하게 해달라는 기도를
세 번이나 드리셨습니다. 그런데 기도 응답이 되지 않았습니다. 그 후
일종의 확실한 술책으로 기도를 추천한다는 생각은 무시할 수 있습니
다."[129] 만약 예수님조차 겟세마네 동산에서의 기도에 응답받지 못했
다면 그건 분명 믿음이 부족해서는 아니었을 것이다.

다른 곳에서 루이스는 화살 방향을 응답받지 못한 기도라는 문제로

돌렸다. "우리는 무지한 가운데 자신에게 혹은 다른 누군가에게 해로운 것이 무엇인지, 심지어 본질적으로 가능하지 않은 것이 무엇인지 묻습니다. 또 한 사람의 기도를 허락하기 위해서는 다른 사람의 기도에 거절을 보내야 한다는 사실도 이해합니다. 심정적으로는 받아들이기 어려운 것이 많아도 우리의 지성이 이해하기 힘든 것은 아무것도 없습니다."[130]

팀 켈러Tim Keller는 이 말을 조금 더 긍정적이고 한편으로 더 도움이 될 수 있는 방식으로 이렇게 말했다. "줄여 말하자면, 하나님은 우리가 요청하는 것을 주실 수 있다. 주님은 그가 아는 것을 우리가 알 때 우리가 요청했을 법한 것을 주실 것이다."[131]

켈러의 낙관적인 통찰력을 받아들이더라도 기도는 어렵다. 루이스의 표현대로 하자면 "귀찮은" 것이다. 그는 늘 그렇듯 정직하게 이렇게 고백했다. "[기도를] 빼먹는 것에 대한 변명은 결코 환영받지 못합니다. 기도를 끝내고 나면 안도감과 함께 하루의 남은 시간이 휴일같이 느껴집니다. 우리는 기도를 시작하기는 주저하지만 끝내면 기뻐합니다. 기도는 소설을 읽거나 십자말 퀴즈를 푸는 것과 다르며, 기도할 때는 무슨 사소한 일에도 주의가 흩어지기에 십상입니다."[132]

그럼에도 루이스는 기도를 그치지 않았다. 우리도 그리해서는 안 된다. 그는 기도에 관한 어려움, 좌절, 수수께끼, 그리고 고통 들을 인정하는 방식으로 기도에 성실하기를 촉구한다. "기도에 고통스러운 노력이 동반된다고 하여 기도가 하나님이 창조하지 않으신 일이라는 증거는 아닙니다. 만약 우리가 완벽한 존재라면 기도는 의무가 아닐 것이며 기쁨이 될 것입니다. 언젠가는 그러한 때가 오게 하옵소서, 주님."[133]

루이스는 그 자신이 힘들게 기도 생활을 했던 동역자로서, 우리의 기도 생활을 돕는다. 기도에 관한 어떤 책들은 읽다 보면 낙담해서 이런 생각을 하게 만든다. "자, 이 작가는 그렇게 활기차고 지속적이고 효과가 있고 힘들지도 않으면서 항상 응답받는 기도 생활을 하고 있다니 참으로 기쁘군. 그런데 나는 내가 엇비슷하게라도 그와 같은 경험을 할 수 있을지 모르겠어." 이와 다르게 루이스는 자신을 기도 학교의 동료 학생으로 생각했다. 『시편 사색』의 도입부에서 그는 이렇게 재미있게 설명했다. "그 문제를 담임 선생님에게 들고 가서 물어본다고 칩시다. 누구나 기억하듯이 선생님은 아마도 이미 당신이 알고 있는 답을 설명할 가능성이 큽니다. 거기에다 당신이 원하지도 않는 엄청난 양의 정보를 덧붙이겠죠. … 오히려 아는 게 적은 동료 학생이 담임 선생님보다 더 도움이 될 수 있습니다."[134]

기도에 관해 루이스를 찾아보면 얻게 되는 이점이 있는데, 적어도 다음과 같은 세 가지 방법이 기도를 지속하게 격려한다. 그가 (성실하고 평생을 지속하여) 기도를 실천했음을 인정한다. (깊지만 겸손한) 기도에 관한 그의 생각들을 숙고한다. 기도에 관한 그의 정직함(어렵지만 가치가 있다)을 인식하고 받아들인다. 성경은 열매 맺는 기도 생활의 훨씬 더 유익한 자료이다. 다음으로는 성경을 보면서 함께 이 기도에 관한 교훈을 살펴보자.

당연히 이 책이 기도에 관한 성경의 복잡한 가르침을 모두 탐색해보거나, 하나님의 주권과 인간의 중보 기도 사이의 신비한 연관을 파헤칠 자리는 분명히 아니다.[135] 그러나 격려가 되는 성경 구절 몇 군데를 집중 조명해보면, 다른 사람의 구원을 위해 기도할 때 인내하도록 도움이 되지 않을까.

루이스의 예를 따라, 우리는 기도에 관해 깊이 생각하는 것에서 시작할 것이다. 언뜻 기도는 쉬워 보인다. 우리 하나님과 대화하는 것보다 더 자연스러운 것이 무엇이 있으랴? 일단 구원을 경험하면 하나님에게서 우리를 갈라놓는 커다란 심연은 이제는 없다. 하나님은 우리의 기도를 들으시며, 우리 구주가 흘린 피로 인해 우리는 "은혜의 보좌 앞에 담대히 나아갈"(히 4:16) 수 있다. 하나님은 그리스도 안에서 이미 우리를 위해 언제나 중보하고 계시고, 우리를 결코 떠나지 않을 것이다. 기도는 그런 하나님과 대화하는 것이다. 우리에게는 기도의 본보기가 되는 150편의 시편이 주어졌으며, 우리가 입으로 할 수 있는 가장 핵심적인 단어들을 어떻게 표현할 수 있을지에 대한 모델이 되는 다른 기도에 관한 기록들도 많다.

그런데 초반의 공부를 지나 실습에 들어가면 루이스가 왜 "귀찮다"라는 단어를 선택했는지 이해되기 시작한다. 언뜻 보기엔 쉬워 보이는 훈련에도 허덕댄다. 때로는 적절한 어휘를 찾기가 어렵거나 더 나쁘게는 기도를 할 동기부여가 어려울 것이다. 어쩌면 문제는 기도에 관한 비현실적인 기대에서 생기기도 한다. 쉬울 것이라고 짐작했던 기도가 잘 안 될 때는 뭔가 자신이 잘못인 거 아닌가 걱정되기도 한다.

그런데 만약 루이스가 그랬듯 우리가 기도의 훈련에 인내하고 기도에 관해 깊이 생각한다면 바로 성경 자체가 기도의 어려움을 인정하고 있다는 사실을 발견하게 된다. 바울은 골로새 교인들에게 기도에 '힘devote'쓰라고 강권하면서 살짝 덜 힘든 두 가지를 제안했다. "기도에 힘을 쓰십시오. 감사하는 마음으로 기도하면서, 깨어 있으십시오."(골 4:2, 새번역). 기도가 쉽다면 왜 '힘쓰다'라는 단어를 사용하겠는가? 기도의 결과가 그렇게 분명히 나타날 것이라면 왜 깨어 있을(하나님이 어떻게 응답하실지 집중하도록) 필요가 있겠는가? 우리가 그토록 잘 잊어버리지 않는다면 감사해야(하나님이 언제 어떻게 응답하실지를 주목하면서) 한다는 경고가 필요하겠는가? 같은 편지의 후반에서 바울은 믿는 동역자 에바브로에 대해 이렇게 말했다. "그가 항상 너희를 위하여 애써 기도하여"(4:12). '애씀'이란 단어에서 쉽다는 의미가 느껴지지는 않는다.

예수님은 산상수훈에서 기도를 가르치실 때 구체적인 내용을 제시하기 전에 먼저 잘못된 방법에 대해 경고하는 것으로 시작하셨다. 자칫 잘못 기도하여 비성경적인 기도라는 덫에 빠지기 쉽다. 우리는 바리새인들이 그랬듯이 다른 사람들에게 보이려고 기도하거나(마 6:1, 5), 이방인들이 그러하듯 하나님을 좌지우지하려고(7절) 기도할 수도 있다. 이 두 부류를 피하도록 예수님은 우리에게 주기도문을 모범으로 주셨다. 어떤 기도문보다 위대한 이 기도문은 반복하여 사용하거나(눅 11:2,

"너희는 기도할 때에 이렇게 하라…") 자기 자신의 언어로 기도할 표본으로(마 6:9, "그러므로 너희는 이렇게 기도하라…") 삼도록 의도되었다.

"주님, 우리에게 기도를 가르치소서."라는 요청에 대해 예수님은 '오, 그래. 기도는 쉬워. 네가 할 일은 그냥 하나님께 말씀드리면 되는 거란다.'라고 질문 자체를 무시하지 않으셨다. 그 대신 주님은 우리에게 주기도문을 주시면서 우리가 계속 기도하고 "간청"(눅 11:8)까지 하도록 독려하시기 위해 비유를 들어 말씀하셨다. 예수님은 더 나아가 구하고 찾고 두드리는 이미지를 사용하셨다. 또 다른─이번에는 고집스러운 과부─예화에서는 우리가 "항상 기도하고 낙심하지 말아야 할 것"(눅 18:1)이라는 확실한 목표를 추구하게 하셨다.

예수님은 기도의 위험성을 우리가 기억하기를 원하셨다. 그와 동시에 주님은 기도의 잠재성도 붙잡기를 원하셨다. 주님은 우리의 기도에는 "나라가 임하시오며 뜻이 하늘에서 이루어진 것 같이 땅에서도 이루어지이다"(마 6:10)라는 내용을 포함해야 한다고 말씀하셨다. 그것은 우리의 기도와 하나님 나라 사이에는 원인과 결과라는 강력한 연관이 있음을 뜻한다. 기도는 나약한 사람이 사용하는 것이라는 관점("우리의 기도가 바꿀 수 있는 것은 없지만 기도로 나 자신을 변화할 수는 있다")에 안주하려는 유혹이 들 때도 있지만 예수님은 그런 관점을 지지하지 않으실 것이다. 만약 기도가 아무런 변화를 만들 수 없다면 "나라가 임하시오며"라고 기도하라고 말씀하지 않으셨을 것이다.

힘써 기도하기

기도는 '귀찮은 것'일 수 있다고 한 C. S. 루이스의 말이 옳다면, 그래서 예수님이 우리가 기운을 잃지 말라고 경고하셨다면, 어떻게 하나님 나라의 전진을 위한 기도에 '전념'할 수 있을 것인가? 기도와 전도의 관련성에 특별히 초점을 두어 세 가지 방법을 제안하고자 한다. 이전에 들어보았거나 실제로 실행해본 경험이 있을지도 모르지만 아래의 내용을 읽어가면서 당신의 접근법을 새롭게 점검해보는 기회로 삼으면 좋겠다.

첫째, 우리에게는 기도의 체계가 필요하다. 즉흥적이어도 좋다. 기도가 분명 기독교 생활(살전 5:17, "쉬지 말고 기도하라")의 중요한 일부분인 것은 확실하다. 그런데 쉬지 않고 기도하기는 무심히 일어나지는 않는다. 날마다 시간을 정하고, 가능하면 장소도 정해야 한다. 아침 일찍이 좋다고 하는 사람도 많지만 어떤 이들에게 새벽은 최악의 시간일 수도 있다. 어떤 시간이 가장 자신에게 좋을지 찾아보라. 그런데도 일정표의 신령한 시간을 위협하는 핑계나 방해꾼 또는 장애물을 백만 가지는 예상할 수 있다. 기도 시간이 미룰 수 없는 우선순위가 되도록 싸워야 할 것이다.

기도 시간을 정하고 나면 불신자들의 이름이 정기적으로 떠오르도록 어떤 체계를 고안할 필요가 있다. 어떤 사람들은 전도 목록을 만들어 기도 수첩에 적어두기도 하고, 어떤 사람들은 색인 카드를 사용하거나 대상자들의 사진을 보며 기도하기도 한다. 요점은 우리가 우리의 필요("일용할 양식"), 죄의 용서("우리의 빚") 그리고 그날의 지혜를 구하는 기도에 더하여 잃어버린 탕자들이 정신을 차리고 돌아오기를(눅 15:17을 보라) 간구하는 기도를 포함해야 하는 것이다.

단체와 개인들을 위해서도 기도할 필요가 있다. 바울은 "이스라엘"(롬 10:1) 사람들을 위해 기도하라고 말하면서도 아그립바 왕과 자신의 말을 듣고 있는 이들을 위해서 기도하고 있다고 말한다(행 26:29). 그것이 바로 개인들을 위한 기도의 모델이다. 선교사들을 위한 뉴스레터나 '세계기도정보'Operation World와 같이 전 세계를 위한 기도 안내서를 통해 우리는 자신에게서 벗어나 크신 주님이 필요한 넓은 세상에 관심을 쏟을 수 있다.[136] 추수를 기다리는 주변을 눈을 들어 돌아보기를 간구하면, 힘있게 기도할 수 있을 것이며 전도를 위한 노력에 박차를 가할 수 있을 것이다.

"구원은 여호와께 속하였나이다"(욘 2:9)라는 요나의 고백이 쉽게 잊히고 있다. "성령이여, 내 친구가 주님이 필요함을 스스로 인정하게 하소서"라고 기도하지 않고, 뒤로 물러나 "제가 친구를 전도하기 위해 그에게 이 책을 주고, 이 도형을 알려 주며, 인터넷 웹사이트 주소를 보내겠습니다."라고 기도하는 것은 책임 회피이다. 우리에게는 행동이 필요하다. 하지만 먼저 다음 단계를 위한 지혜 그리고 무엇이라 말할지 최선의 전도를 위한 지혜를 구하는 것(약 1:5)을 포함한 기도를 해야 한다.

둘째, 기도드리는 대상이 누구인지 집중하는 것으로 시작해야 한다. 쉽게 알 수 있듯, 주기도문의 전반부 전체가 하나님에 관한 것이다. 하나님 아버지는 하늘에 계시며, 그의 이름은 거룩하고, 그의 나라가 오고 있음을 스스로에게 환기한 다음에 비로소 우리는 일용할 양식과 다른 필요에 관심을 기울이는 것이다.

하나님의 이름을 부를 때 당신이 늘 사용하는 하나님의 이름이 아닌 다른 이름으로 불러보라. 방황하는 사람들이 돌아오기를 하나님께 간구할 때는 "이스라엘의 목자" 또는 "아브라함과 이삭과 야곱의 하나님"과 같은 이름을 사용하라. 그러면 하나님은 심지어 불순종한 이들과 함부로 인생을 산 사람들에게도 은혜를 베푸신다는 확신이 강화될 것이다.

셋째, 우리는 산만함을 장애물이 아닌 기회로 보아야 한다. 머릿속에 여러 사람이 떠오르면 그들을 위해 기도하라. 생각하지도 않았던 이웃 사람이나 몇 년 동안 전화 통화도 하지 않았던 친구가 갑자기 머리에 떠오를 때는 하나님이 그리하신 것일 수도 있다. 그들은 방해꾼이 아니라 당신의 기도 목록에 추가해야 할 사람들일 것이다.

이런 현상을 악마의 관점에 생각해보자. 악마는 당신이 기도를 멈추기를 바란다. 루이스가 『스크루테이프의 편지』에서 했던 상상에 따르면, 어떤 악마는 다른 악마에게 그리스도인을 "대적"(하나님)에게서 멀어지게 꼬드기는 방법에 관해 충고한다.

"그리스도인의 정신이 흐트러지면 자네는 그에게 순수한 의지력으로 그것을 밀어내고 마치 아무 일도 없었던 것처럼 평범한 기도를 계속하도록 격려해야 하네. 일단 그가 그 산만함이 자신의 문제라고 인식해서 대적보다 그 문제에 우선순위를 두고 그것을 자신의 기도의 주된 주제로 삼아 노력한다면, 자네는 잘하고 있는 셈이야. 자네는 그에게 해를 끼친 것이지. 어떤 것이든, 심지어 죄악이라도, 그가 적에게 가까이 가게 하는 결과가 있다면, 결국 장기적으로 우리에게 불리하게 된 셈이네."[137]

우리는 기도의 힘에 더 많은 관심을 두고 기도의 번거로움에 대해서는 담담해야 한다. 우리는 기도가 어떻게 이루어지는지에 대해 연구만 하기보다 실제로 기도를 해야 한다. 기도하면서 인내를 가지고 기운을 잃지 말아야 한다. 자비하시고 은혜로우신 하나님이 그의 거부할 수 없는 은혜로 우리를 중보하시어 많은 사람이 정통 신앙으로 돌아오게 하실 것이다.

09 적절한 때에 반론하라

내 이름이 유명인과 같아 재밌는 일이 종종 생긴다. 〈토이 스토리〉라는 영화의 음악을 작곡한 유명한 랜디 뉴만Randy Newman이라는 작곡가의 이름과 그 영화의 타이틀곡 '난 너의 친구가 될 거야'You've Got a Friend in Me라는 노래는 잘 알려져 있다. 사람들은 내가 그 랜디 뉴만이라고 착각해서 내게 이메일을 보내곤 한다. 그들은 내 음악을 얼마나 좋아하는지, 내가 아카데미 상을 받았을 때 얼마나 기뻐했는지 말하면서, 자신의 노래들도 세상에 알려주기를 내게 무지무지 바란다고 쓴다. 한 친구는 자신의 딸 결혼식에서 '난 너의 친구가 될 거야'를 불러달라고 나를 초청하기도 했다!

나는 대개 그런 이메일에 이렇게 답장을 한다. "제 웹사이트를 자세히 보시면 〈토이 스토리〉와 다른 재밌는 곡들을 작곡한 작곡가와 저는 다른 랜디 뉴만이란 걸 아실 겁니다. 저는 다른 이야기로 사람들을 돕고 있습니다. 사람들의 인생 이야기를 하나님의 이야기에 연결하는 일이죠."

그런 내 이메일에 대부분은 답장을 하지 않지만 몇몇은 짧은 사과문을 보내기도 한다. 어떤 사람들은 자신의 종교 관점을 이야기하기도 하는데 그 범위는 전통적인 기독교부터 인생의 의미에 대해 다소 창의적인 이론들에 이르기까지 다양하다. 소수의 답변자들과는 복음에 관해 매우 호감이 가는 대화로 이어지기도 했다.

한번은 내 음악을 얼마나 좋아하는지 모른다고 먼저 이메일을 주었던 한 무신론자 수학 교수와 여러 달 동안이나 연락을 주고받은 적이 있다. 우리의 대화는 예의 바르게 서로 존중하며 진지하게 이어졌다. 어느 날 그는 다소 비꼬는 말투의 이메일을 보내왔는데, 그가 이전에 보냈던 다른 이메일의 어조와는 전혀 달리 짧고 퉁명스러웠다. "그리스도인들이 스스로 자백해야 하는 게 있어요. 기독교에는 왜 그렇게 종류가 많습니까? 수학은 한 가지밖에 없어요. 생물학도 마찬가지죠. 물리학도 여러 종류의 물리학이 있는 건 아닙니다."

나는 어떻게 답변할지 고심했다. 그러다 내가 자주 사용하는 기법을 선택했다. 반론의 기운을 가미한 질문을 하는 것이다. 나는 이렇게 썼다. "수학이나 생물학 혹은 물리학의 학문 분야 내에 이견이 없다고 말씀하시는 건가요? 각 학문의 모든 학자가 자기 전공의 세부 사항에 동의하고 있을까요? 박사 학위 수준의 훈련과 경험을 받은 분으로부터 그런 단순한 질문을 받게 되니 놀랍습니다. 그 질문을 진지하게 하신 건가요, 아니면 저를 한번 찔러 보신 건가요?"

이렇게 보내 놓고는 너무 몰아붙인 거 아닌가 걱정스러웠다. (아내는 내가 그러는 경향이 있다고 말한다.) 나는 비록 그 말이 그를 조금 아프게 할지라도 하나님께서 내 말을 사용하시길 기도했다. 나는 여러 번 이 양날의 칼을 위태롭게 사용했다. 입을 닥치고 있어야 할 때 대꾸를 했으며, 형세를 역전시켜야 마땅할 때 물러나서 죽은 척하고 있었다. 어떤 때 어떤 태도를 보여야 할지 적절한 균형을 찾을 쉬운 공식은 나도 가지고 있지 않다. 그러나 성경은 "너희 진주를 돼지 앞에 던지지 말라"(마 7:6)라고 교훈한다. 우리는 기독교에 대해 회의가 많은 시대에 살고 있기에 효과적으로 복음을 선포하려면 이 말씀의 뜻을 알아내야 한다.

우리는 아래에서 예수님이 말씀하신 뜻이 무엇인지 깊게 들어가 볼 것이다. 그에 먼저, 앞선 그 수학 교수가 무엇이라고 답했는지 말하자면, 그가 쓴 내용은 이랬다.

"먼저 그리고 가장 중요하게 양해를 구할 것은 제가 간혹 표현에 서툴다는 것입니다. 절대 목사님을 괴롭히려는 의도는 없습니다. 그렇게 보였다면 정중하게 사과드립니다. 저는 전적으로 목사님과의 대화가 좋았어요. 제 표현에 기분이 나쁘셨다면 깊이 죄송합니다.

과학자들이 학문이 진보함에 따라 자신의 분야 내에서 옥신각신 다투는 것이 사실입니다만 그들은 공통된 어떤 것을 가지고 있지요. 어쩌면 지금 제가 스스로의 도전에 답하고 있는 것인지도 모르겠습니다. 실은 기독교도 과학이 다양하게 진보하는 것과 다름이 없겠지요. 이런, 제가 제 발등을 찍었군요. 목사님, 제게 도전을 주셔서 감사합니다. 덕분에 오늘 새로운 것을 배웠습니다."

때로는 반론이 먹히기도 한다! 하지만 우리에게 필요한 것은 질문자에 답하기 위한 단순 실용성이 아닌 동기부여이다. 우리는 말의 의미와 어조, 내용과 의도, 선택과 전달 등 모든 면에서 하나님을 영화롭게 해야 한다. 그렇게 하려면 그 순간에 지혜가 필요하지만, 더 중요하게는 대화를 시작하기 전에 마음이 부드러워져야 한다. 이번 장은 3장에서 보았던 동전의 다른 쪽 면으로 작용할 것이다. 3장에서 우리는 반대의견을 어떻게 존중할 것인지 탐색했었다. 그러나 때로는 그 반대의견을 존중함과 동시에 온유한 질책을 가미할 필요가 있다.

C. S. 루이스는 반론의 귀재였다. 아래의 몇 가지 예로 그의 반론을 더 자세히 살펴볼 것이다. 그러나 우리는 '반대'에 대한 그의 자유로움에 잠시 멈춰보아야 한다. "그건 사실이 아닐세." 루이스가 한 기독교 반대자의 주장에 대놓고 한 말이었다.[138] 그는 다른 의견을 내거나 반박하거나 자신의 강연을 듣는 사람들에게 그들이 가는 길에 대해 거침없이 경고하였다.

어떤 사람은 당신의 반론에 저항감을 느낄지도 모른다. 그런 반론이나 반박이 불친절하게 들리지 않을까? 그럴 수 있다. 하지만 반드시 기분 나쁘게 접근하지 않아도 된다. 잠언 26장 4절과 5절에서 하나님의 상반된 두 가지 처방을 보라. 언뜻 보기엔 두 가지가 서로 모순되는 것처럼 보인다.

"미련한 자의 어리석은 것을 따라 대답하지 말라 두렵건대 너도 그와 같을까 하노라"
"미련한 자에게는 그의 어리석음을 따라 대답하라 두렵건대 그가 스스로 지혜롭게 여길까 하노라"

첫 번째 잠언의 말씀은 우리의 적대자들이 빠진 우매의 진창에 우리도 빠지지 않게 보호한다. 만약 상대의 빈정거림에 마찬가지 태도로 비꼬아 답변한다면 우리는 그냥 다른 미련퉁이일 뿐이다. 한편, 우리는 상대가 "그의 어리석음을 따라" 또는 "어리석은 말을 할 때"(새번역) 대응하여야 한다. 이 말은 우리를 공격하는 사람이 스스로 지혜롭다고 확신하지 않도록 지혜로운 말로 대응해야 한다는 뜻이다. 수학 교수 친구와 내가 주고받은 그 이메일들이 이 잠언의 가르침을 제대로 따랐기를 바란다.

당신이 한 말이나 당신의 믿음에 대해 다른 사람의 도전을 받았을 때가 있는가? 당신이 틀렸다고 지적해준 사람이 있는가? 그런 평가를 받았을 때의 기분은 어떠했는가? 바라건대 당신이 어떤 낭떠러지를 향해 잘못된 길을 갈 때 그 잘못을 지적해줄 정도로 당신을 사랑하는 친구를 가졌기를! 그런 도전들이 부드러웠다면 이상적이지만, 사람은 공격을 받았다고 느낄 때 대개 답변을 제대로 하기 어렵다.

이런 경우 방향을 바꾸어 적용해보자. 당신이 도전자가 되는 것이다. 당신은 반론을 펼 수 있을 때 입을 꾹 다물고 아무 말도 하지 않는 편인가? 아니면 신호가 있을 때 즉시 갈등 상황에 뛰어들어 논쟁을 즐기는 편인가? 그 어떤 극단도 최선이 아니다. 우리는 "친구의 아픈 책망은 충직으로 말미암는 것"(잠 27:6)이라는 말씀과 "유순한 대답은 분노를 쉽게 하여도"(잠 15:1)라는 말씀, 이 둘 사이에서 균형을 찾아야 할 필요가 있다.

내 친구 중 한 명은 자주 내게 이렇게 말한다. "나는 동의하지 않아." 그의 경청하는 태도는 진지하며 결코 중간에 내 말을 끊지 않는다. 간혹 "자네가 옳다고 생각해."라는 말을 자주 하지만 "나는 동의하지 않아."라는 말도 자주 한다. 그는 길게 침묵하면서 내가 하는 대답을 다 들었다가 왜 내가 마음을 바꿔야 하는지 그 이유를 정성껏 설명한다. 나는 이런 그의 우정을 끔찍하게 아낀다.

예수님은 반론의 최고 모델

우리 구주는 반대의견을 내는 면에서도 지혜자의 최상의 표본이 되어

주신다. 그러나 때로 우리를 뜻밖의 충격에 빠트리기도 한다. 사람들이 예수님을 "온순하고 온화"하다고 표현하는 말을 들어보았는가? 그런 표현은 복음서가 표현하는 예수님과는 어울리지 않아 보인다. 분명 예수님은 이웃을 사랑하며 다른 쪽 뺨을 돌려대라고까지 여러 이야기를 하셨다. 그러나 예수님이 "위선자"(7번이나!), "눈먼 인도자" "회칠한 무덤" "뱀" 그리고 "독사의 새끼"(마 23장)라는 저주의 말도 쏟아놓으셨다는 것을 생각해보라.

예수님이 단지 그의 적대자들에게 도전하셨던 것만은 아니었다. 야고보와 요한이 천국에서 특별한 자리를 지정해달라고 요청했을 때 예수님은 이렇게 대답하셨다. "너희는 너희가 구하는 것을 알지 못하는도다"(막 10:38). 심지어 예수님 자신의 어머니에게도 반론을 제기했다. 결혼식장에서 마리아가 결혼식 연회의 포도주가 떨어졌다고 알리자 예수님께서 처음 한 말은 이랬다. "여자여 나와 무슨 상관이 있나이까"(요 2:4).

"음, 그건 예수님에게는 가능하지. 예수님이시잖아! 메시아니까 그런 식의 행동을 할 수 있는 것 아닐까?" 당신은 이렇게 생각하고 싶은 유혹이 들 수도 있다. 그러나 기억하라. 예수님은 우리에게 "거룩한 것을 개에게 주지 말며 너희 진주를 돼지 앞에 던지지 말라"(마 7:6)라고 가르치셨다. 예수님은 진리에 마음 문을 닫은 사람도 있다는 사실을 우리가 알기를 원하신다. 그들은 우리가 아무리 복음에 관해 명확하게 설명하고 믿음에 이르는 논리를 인내심을 가지고 제공하더라도 여전히 눈을 뜨고 싶어 하지 않는다. 고통스럽긴 하지만 그 경우, 우리의 주장을 상세히 다시 펴는 노력이 낭비가 아닐 것인지를 판단해야 한다. 그런 사람들에게는 직접적인 답변을 하기보다 그들의 주장에 맞서야 할 때가 있는 것이다. 바울은 우리가 할 일을 다음과 같이 말했다. "하나님 아는 것을 대적하여 높아진 것을 다 무너뜨리고 모든 생각을 사로잡아 그리스도에게 복종하게 하니"(고후 10:5). 때로 우리는 이렇게 말해야 한다. "나는 네가 틀렸다고 생각해. 다시 한번 잘 생각해보면 좋겠어."

전도에 관련된 워크숍을 진행할 때 참가자들이 종종 마태복음 10장 14절에서 "누구든지 너희를 영접하지도 아니하고 너희 말을 듣지도 아니하거든 그 집이나 성에서 나가 너희 발의 먼지를 떨어 버리라"라고 하신 예수님의 말씀에 관해 질문할 때가 있다. 전도하려는 노력을 포기하고 관심을 다른 곳으로 돌려야 할 때가 있는 것일까? 내 대답은, 매우 드물지만 만약 그래야 할 때가 된다면 그 과정을 상황에 맞게 적용하라는 것이다. 예수님이 열두 제자에게 주신 모든 다른 지시들과(마 10:1-10) 곧 극한의 박해가 닥치리라 예견하셨던 것을 고려할 때 이것은 역사적으로나 복음적으로 특별한 상황이었다. 발의 먼지를 떨어 버리는 행위는 예수님의 시대에는 매우 강한 비난의 표현이었다. 우리는 그런 극단적 조치가 필요하지 않도록 잠언의 지혜를 적용하여 어리석은 자의 우매함에 대해 답하기를 거부할 수 있다.

C. S. 루이스는 반대의견을 어떻게 표현하는지에서도 매우 다양한 방법으로 도움이 되는 모델이다. 때로 그는 어떤 생각에 대해서는 틀렸다고 당당히 선언했다. 『순전한 기독교』 앞부분에는 보편적인 도덕성을 거부하는 반대가 있을 것이라고 예상하는 대목이 나온다. 그는 "각 문명에는 여러 시대에 걸쳐 상당히 다른 도덕성이 있었다고 말하는 사람도 있음을 나는 알고 있습니다."라고 말하면서 (앞에서 보았듯이) 이렇게 덧붙였다. "하지만 그건 사실이 아닙니다." 모래판에 선을 뚜렷이 그은 후에야 그는 자신의 강한 주장에 대한 뒷받침을 제공했다.

기독교 신앙과 그 당시 인기를 끌던 다른 대안을 대비하면서 그는 이렇게 선언했다. "여러분은 내가 자연Nature에 흡수되는 어떤 이교도적인 상상을 하고 있다고 생각해서는 안 됩니다. 자연은 유한하지만 우리는 자연보다 더 길게 삽니다. 태양과 별들이 모두 사라지더라도 여러분 각자는 여전히 살아 있을 것입니다."[139]

때로 그는 다른 사람이라면 날카롭게 주장할 사안에서 자신의 어투를 누그러뜨렸는데, 이는 특히 복음에 관한 흔한 오해를 반박할 때 잘 먹혔다. 예컨대 루이스는 기독교가 따라야 할 일련의 도덕적 규정일 뿐이라는 관점에 대해 부드럽게 반박했다. "나는 그것이 사물을 보는 가장 좋은 방법이라고 생각하지 않습니다. 그보다 나는 여러분이 어떤 선택을 할 때마다 당신은 자신의 중심부 그리고 당신이 선택한 당신의 일부분을 그전과는 다르게 변화시키는 것이라고 말하고 싶습니다."[140]

어떤 경우에서는 그는 진리를 제공하기에 앞서 빛나는 논리 기술을 사용하여 반대 주장을 해체시켰다. 예수님이 하나님이 아니라 단지 좋은 사람이었다는 주장에 대한 다음과 같은 그의 유명한 답변이 바로 그러한 경우였다. "그저 한 인간일 뿐인 한 남자가 예수님이 말씀하신 종류의 말을 했다면 그는 위대한 도덕적 교사는 아닐 것입니다. 그는 '나는 삶은 달걀이다'라고 말하는 수준의 광인이거나 지옥에서 온 악마일 것입니다. 여러분은 선택해야 합니다."[141] 루이스는 또 예수님은 절대로 자신이 하나님이라고 주장한 적이 없었다는 생각에 반격한다. 어떤 사람들은 예수의 제자들이 그런 말들을 지어낸 것이라고 주장했는데, 루이스는 이에 대해 이렇게 대답했다. "그렇다면 당신에게는 한 명의 광인이 아닌 12명의 이해불가한 미치광이들을 상대해야 하는 부담만 남습니다."[142]

물론 그만큼 심하지는 않더라도, 반대에 대답할 때 그는 과장해서 말할 필요가 없다고 느꼈다. "그리스도인의 '천국'에 대한 소망에 대해, '영원히 하프를 타면서 시간을 보내고' 싶지는 않다는 식으로 우스갯거리로 만들려는 경박한 사람들에 대해서는 근심할 필요가 없습니다. 그런 사람에 대한 답은 이렇습니다. 어른을 위한 책을 이해할 수 없다면 그런 말을 해서는 안 됩니다."[143]

너무 가혹하게 들리는가? 어쩌면 대부분 우리가 만나는 상황에는 그럴지도 모르겠다. 다만 우리가 처한 상황(대개 친구와의 일대일 대화)과 루이스가 언급하는 상황의 토대(라디오 방송, 대중 강연, 책에서의 논쟁) 사이에는 매우 다른 차이가 있다는 점은 염두에 두어야겠다. 루이스의 반론은 전면적이거나 신랄한 반박이 필요할 상황에 맞는 것이다. 친구와 탁자에 마주 앉아 있는 상황이라면 우리는 비난의 수위를 조절해야 한다.

온유한 반론에는 진정이 담긴 온유와 진심 어린 반론이 필요하다. 이 점에서 어떤 자기반성을 해보자. 어떤 사람들은 자연스럽게 갈등에 대해 반격을 하거나, 또 어떤 사람은 갈등 상황에서 움츠러들거나 그 상황을 묵인하기도 한다. 당신은 어느 쪽인가? 그 두 가지 일반적인 대응, 즉 싸우거나 도망가거나 둘 중 당신은 기본적으로 어떤 태도를 취하는가?

신속하게 반격하는 사람들에 대해서 우리는 하나님께 우리가 더 잘 듣고 더 부드럽게 대응하도록 도와주시길 간구해야 한다. 다음과 같은 식의 어구를 활용한다면 도움이 된다.

"내 생각엔 ……"

"……가 아닐까 생각해."

"우리가 ……한 점들을 고려해 볼 수 있다고 생각해."

"그렇게도 생각할 수 있겠네. 너는 ……에 대해서는 어떻게 생각해?"

다른 말로 해서 만약 자신에게 특정 상황이나 특정 사람들에 대해 침묵을 지키는 경향이 있다면 하나님께 지혜와 담대함을 구할 수 있다.

우리는 "나는 동의하지 않아.", "나는 그렇게 생각하지 않아.", 또는 "그 문제를 가지고 대화할 수 있을까?"와 같은 간단한 말로 시작해볼 수 있다.

우리는 반대의견을 표현하되 서로 불화하지 않을 수 있는 자기만의 방법을 찾아야 한다. 소셜 미디어를 통해 되받아치거나 '마이크를 떨어뜨려'(행사에서 모두 끝났음을 나타내는 행위를 말함–옮긴이) 단호함을 보이는 오늘날의 문화에서는 그렇게 하기가 쉽지 않다('반反소셜미디어'가 때로 더 적절해 보이지만). "유순한 대답은 분노를 쉐게 하여도 과격한 말은 노를 격동하느니라"(잠 15:1)라는 성경 말씀처럼 자주 신경을 긁는 불편한 말을 하기보다는 은혜를 드러내는 방법이 전도에는 더 훌륭하다.

시대 읽기

우리는 이제 거절에 대한 대응을 우리의 현재 상황에 맞도록 고려할 필요가 있다. 루이스는 자신의 시대를 잘 이해하고 있었고 그에 멋지게 대응했다. 그중에서도-특히 오늘날에 관련이 있는- 시대의 속물근성에 대한 그의 비난은 상당히 실제적이었다. 그것은 최신의 것이라면 비판 없이 사실이라고 지레짐작해버리는 관점에 대한 것이었다. 그런 가정은 지적으로 진화한 현대인의 믿음이 과거의 덜 계몽된 사람들의 믿음보다 더 낫다는 것이다. 루이스는 이 주제를 여러 번 다루었다. 그는 때로 인본주의에 대한 대안을 기독교 반대론자들에게 제시하기 전에 그런 가정을 먼저 혁파해야 한다는 것을 알았다. 루이스는 자신이 여러

해 동안 이 '시대의 속물근성'에 사로잡혀 있었기 때문에 그 힘을 잘 알고 있었다. 기독교가 너무 시대에 뒤떨어졌다는 단순한 이유로 기독교를 거부했던 것이다.

오늘날 당신이 가진 믿음의 여러 면모에 관해서도 같은 방식으로 느낄 사람들이 있지 않을까? "고색창연하지." 이렇게 말하면서, "이제 인류는 사고에서 더 진보했으며, 과학적으로 더 발전하고 더 합리적이 되었어."라고 덧붙일 것이다. 우리의 사전 전도 전략에는 그들의 점검되지 못한 가정들 뒤에 있는 시대의 속물근성을 잘라낼 필요가 있다. 그러기 위해 이런 식으로 말할 수 있겠다.

"당신은 지옥이 시대에 뒤떨어진 개념이라서 믿지 못한다는 말인가요? 지옥이라는 개념이 멍청하다고 생각하나요? 예수님이 멍청하다고 생각하는지 궁금하군요. 예수님은 성경의 어떤 인물보다 더 지옥에 대해 많이 얘기하셨거든요."

"천국과 영생이라는 개념을 싫어하시는군요. 그렇다면 우리는 단지 사람의 기억 속에서만 사는 것일까요. 내 이해가 제대로 되었는지 모르겠네요. 우리가 사람들의 기억과 마음에 살고 있다는 것에 동의합니다. 그러나 그것만으로 충분할까요? 우리가 죽어서 땅에 묻히고 그래서 흙이 된다면, 그런 것이 우리에게 소망의 근거가 되어줄까요? 뭔가 다른 것이 더 있지 않을까 궁금했던 적이 없나요?"

"당신은 그리스도인들이 위선자이기 때문에 기독교를 거부한다고 합니다. 그리고 나는 당신이 '적어도 나는 위선자가 아니야.'라는 말을 여러 번 하는 걸 들었습니다. 위선은 최악의 죄이겠죠. 이보다 더 나쁜 죄는 없을 겁니다. 그렇지만 모든 그리스도인이 다 위선자일까요? 그리스도인 위선자가 더 많을까요, 비그리스도인들 위선자가 더 많을까요?"

복음에 반대하는 사람들의 사고가 이 정도로 깊은 생각을 요구하는 수준은 아닐 것이다. 우리는 얄팍한 슬로건이 난무하는 진부하고 상투적인 문화의 시대를 살고 있다. 어떤 사람들은 "당신 자신을 믿으면 돼."라거나 "너 자신은 찾는 것이 아니라 창조하는 것이다." 또는 "당신에게는 사실이라도 내게도 반드시 해당되는 것은 아니다." 등과 같은 속된 말로 인생을 살아가는 듯이 보인다. 우리는 이런 가치관을 반박해야 한다. 어떤 상투적 표현은 깊은 사상을 개입되기 전에 부숴야 할 필요가 있다.

어떻게 그 일을 할지를 사전에 브레인스토밍하는 것도 좋다. 때로 나는 간단하게, "정말요?"라거나 "그 문제를 얘기해 볼까요?" 또는 "그 말은 당신에게 어떤 의미인가요?"라고 말하기도 한다. 이런 짧은 대답으로도 얄팍한 구호의 벽을 허물기에는 충분하다.

이와 비슷하게 대답하기 전에 받은 질문을 되받아 다시 질문해야 할 때가 있다. 여기엔 연습이 좀 필요하지만, 나는 누구나 발전시킬 수 있는 기술이라고 확신한다.

예를 들어 만약 누군가가 당신에게, "무신론자는 하나님을 믿지 않기 때문에 천국에 가지 못한다고 말하는 겁니까?"라고 묻는다면 이렇게 대답할 수 있다. "신을 믿지 않는 무신론자가 왜 천국에 가고 싶어 할까요?" 그들은 당신의 답변에 당황할 것이다. 하지만 그들의 당황이 곧 당신의 낙담으로 이어지지 않도록 하라. 때로 사람들은 다른 관점에 대해 마음을 열기 전에 혼란을 먼저 느끼기도 한다. "하나님으로부터 떠나 전 생애를 살았던 사람이 왜 하나님과 함께 하는 영생을 원하는지 이해하지 못하겠습니다."라는 반론에 나는 동의한다. 이 점에 대해 나는 C. S. 루이스의 말을 직접 인용하여 그들에게 말하지는 않을 것이다. 다만 그의 통찰력에서 우리 자신의 관점을 형성하는 데에는 도움을 받을 수 있겠다. "결국 세상에는 두 종류의 사람들이 있습니다. 하나는 하나님께 '당신의 뜻이 이루어지이다'라고 말하는 사람들이며, 다른 하나는 하나님이 그들에게 '너희의 뜻이 이루어질 것이다'라고 말할 사람들입니다."[144]

또는 만약 어떤 사람이 왜 당신에게 '업karma'(이생에서의 행위가 다음 생에 영향을 미친다는 개념)을 믿지 않느냐고 묻는다면 이렇게 되물으라. "당신은 그렇다면 좋으시겠습니까?" 다시 말하지만, 대부분이 자신의 종교적 관점에 도전받았던 경험이 거의 없으므로 이런 반대 질문을 받은 상대의 혼란을 예상해야 한다. "이생이 전생에서 행했던 일을 갚는 것이라면, 희망이 별로 없어 보이네요. 그런 믿음에는 소망이나 구원 또는 은혜가 없는 듯이 들리는군요."

또는 누군가가 만약 당신이 그들을 회심시키려 노력하는 것이냐고 묻는다면(종종 상당한 비난을 담아) 그들에게 이렇게 반론할 수 있다. "그건 당신이 나를 회심하게 만들려는 말로 들리는군요." 그들은 당신의 이런 지적에 놀랄 것이다. 하지만 그들은 사람들을 회심시키려 하지 않는 종류의 기독교로 당신을 회심시키길 원한다는 사실을 인정해야 한다! 당신을 개종시키려는 그들의 노력은 그들을 회심시키려는 당신의 노력만큼이나 뾰족하다. 물론 그들에게 충격을 주는 전략을 시도할 수 있다. "당연히 나는 당신을 회심시키려고 노력하는 중입니다! 만약 그렇지 않는다면 내가 제대로 된 그리스도인이겠습니까? 예수님은 그의 제자들에게 모든 사람으로 제자 삼으라는 최후 계명을 주셨지요." 만약 그들의 태도가 조금 누그러들면 이렇게 덧붙일 수 있다. "누구나 자신이 발견한 좋은 것을 다른 사람들에게 알려주고 싶어 하지 않나요? '새로 생긴 식당에 가봐'라거나 '그 영화 꼭 봐' 뭐 이런 식으로요. 사람들이 뭔가 정말 굉장한 것을 발견했다면 우리는 그들이 알려주길 원하지 않겠습니까?"

흔한 상투어나 반대에 도전하기 위해서는 엄청난 양의 친절을 보이면서 목소리를 낮춰 부드럽게 전달할 필요가 있음을 반드시 기억해야 한다. 우리는 사람들을 진리에서 쫓아내려는 것이 아니라 그들에게 진리로 나아오게 도우려는 것이다.

건전한 경고

루이스의 다양한 반론 중에서 숙고해 볼 것이 한 가지 더 있다. 때로 그는 믿음과 함께 행위에 대해서도 비판한다. 그는 죄악에 물든 마음이 어떻게 죽음을 향해 가는지 주의 깊게 관찰하였다. 그는 너무 늦기 전에 돌아오라고 사람들에게 경고했다. 그런 식의 반론을 루이스는 소설로 형상화하였다. 욕심 때문에 용으로 변한 유스티스가 그 예였다(앞의 6장을 보라).

그의 환상적인 드라마 〈위대한 이혼〉에서는 따끔한 질책이 무대에 울려 퍼진다. 그 드라마에서는 지옥에 있는 여러 인물이 자신을 소개하면서 어떻게 이 망할 상황에 이르게 되었는지 말해준다. 우리는 이 연극에서 인간의 자만, 분노, 원망, 그리고 탐욕이 억제되지 않을 때 어떻게 되는지 볼 수 있다. 그리고 그것은 지옥에 관한 루이스의 경고를 생각나게 한다.

"선한 일들이라도 내가 고작 70년만을 살 것이라면 신경을 쓸 가치가 없을 것이 여럿 있습니다. 그런데 영원히 살 것이라면 진지하게 신경을 쓰는 것이 더 낫겠죠. 아마 내 나쁜 기질이나 질투심은 점차 더 악화될 터인데 너무 서서히 진행되기 때문에 70

년 동안 악화된 결과는 눈에 그리 띄지 않을 것입니다. 그러나 백만 년이라는 시간 동안 악화된 결과는 절대적인 지옥일 것입니다. 사실, 기독교가 진리라면 지옥은 그 실상을 표현하는 정확한 기술적 용어입니다."[145]

〈위대한 이혼〉에 나오는 불평 많던 여성이 절대 잊히지 않는다. 그녀의 전체 모습은 단 한 페이지에서 숨 쉴 틈도 없이 길게 늘어지는 그녀의 불평에서 잘 드러난다. 루이스는 그녀의 심각한 병폐를 이렇게 평가한다. "문제는 그녀가 투덜이인지 아니면 그저 투덜거리기만 하는지이다. 만약 아주 조금이라도, 그 불평 안에 진정한 인간의 흔적이 있다면 그녀에게 다시 생명이 불어 넣어질 수 있다."[146]

내 요점은 전도를 위한 대화에 경고의 요소를 넣어야 할 때가 있다는 것이다. 그런 경고를 잘 사용한다면 사람들이 죄에서 돌아서서 구주에게로 돌아오게 도울 수 있다. 우리는 "나는 당신이 염려스럽습니다." 또는 "내가 지금부터 하는 말을 흘려듣지 말기를 바랍니다." 또는 "당신이 이 길을 계속 간다면 당신이 어떻게 될지 심히 걱정됩니다."라고 목소리를 낼 필요가 있다.

이런 경고에는 상당한 불편함이 동반됨을 나도 모르지 않는다. 그러나 전도의 최대 목표가 하나님의 영광이지 우리의 편안함을 위한 것이 아님을 마음의 중심에 잘 새겨야 할 것이다. 우리는 우리 자신의 위안보다는 다른 사람의 영혼에 더 관심을 두어야 한다. 장기적 이익(그들을 위한)이 (우리의) 단기적 고통을 넘어선다.

대학 2학년, 하나님을 찾고 있을 때였다(비록 그 당시에는 잘 인식하지 못했지만). 내게 신약성경을 한 권 선물한 친구에게 편지를 썼었다. 내게 『순전한 기독교』를 권해주었던 바로 그 친구였다. 나는 이제 내가 마침내 음악을 전공으로 삼기로 했다는 것과 그것이 얼마나 기쁜지 말하고는 이렇게 썼다. "나는 이것이 내가 그동안 그토록 찾던 것이라고 믿어. 어쩌면 만족할만한 음악 한 곡을 찾을지도 몰라." 그는 매우 친절한 어투로 답장을 보내왔는데, 대개의 내용은 내 전공의 선택에 그가 얼마나 기쁜지 표현하는 것이었다. 그러나 그는 이렇게 덧붙였다. "너도 내가 음악을 좋아하고 거기서 엄청난 기쁨을 찾는다는 걸 알 거야. 그런데 나는 음악이 네가 찾고 있는 그것을 제공할 수 있다고는 생각지 않아. 오직 하나님만이 전할 수 있는 것을 그들의 음악에서 찾다가 크게 실망한 음악인들을 많이 알아. 나는 네가 예수님을 통해 하나님을 찾을 때까지는 만족을 느끼지 못할 것이라고 생각해."

나는 분노했다! 어떻게 감히 전공을 선택한 '내 행진에 비'를 뿌릴 수 있단 말인가. 하지만 내 안의 무언가는 그가 옳을 수 있다고 말했다. 사실 그가 옳았다. 그리고 나는 아직도 그 편지를 간직하고 있다.

때로 당신이 할 수 있는 가장 친절하고 도움이 되는 사랑의 언어는 "나는 동의하지 않는다"라는 말이다.

⟨10⟩ 응답하도록
요청하라

전도를 위한 모든 상황에는 때가 있으며,

하늘 아래 일어나는 모든 증인의 활동에도 때가 있다.

씨를 뿌릴 때와 열매를 거둘 때가 있으며,

질문에 답을 할 때와 질문을 던질 때가 있고,

단서로 호소할 때와 진리를 선포할 때가 있으며,

분명하게 대답할 때와 부드럽게 반론할 때가 있고,

불편함을 유발할 때와 상상력을 불러낼 때가 있으며,

기도할 때와 공격에 저항할 때가 있고,

논리를 제공할 때와 부름에 응답의 요청을 할 때가 있다.

    C. S. 루이스는 4주간의 방송 강연에서 씨를 뿌린 후 열매를 추수하려 했다. 5주 차 강연에서(『순전한 기독교』에서 「우리의 불안에는 이유가 있다」라

는 제목을 달았다.) 그는 이렇게 말했다. "여러분은 병에 걸리면 의사의 말을 들을 것입니다." 그리고 그는 간단하게 복음-우리는 율법의 요구를 맞출 수 없으며 율법은 우리를 위해 충족되었다-을 거듭 서술하면서 이렇게 덧붙였다. "내가 하는 일은 사람들에게 사실에 직면하라고-기독교가 답하도록 요구하는 질문을 이해하기를- 요청하는 것이 전부입니다. 그리고 그 사실들은 매우 두려운 것입니다. 더 우호적으로 말할 수 있으면 좋겠지만, 나는 내가 진리라고 생각하는 그것을 말해야 합니다."[147]

그가 5번의 짧은 라디오 방송, 글로는 30쪽도 안 되는 적은 분량에서 「옳고 그름: 우주의 의미를 푸는 단서」에서부터 「우리의 불안에는 이유가 있다」에까지 이르게 됨에 주목하라. 정직하게 말해서 적어도 아직까지 루이스는 복음에 대한 응답을 그다지 강하게 요청하지 않았다.

그의 방송 강연이 두 번째 시리즈의 마지막에 이르렀다. 「실제적인 결론」이라는 제목을 단 곳에서 그는 재림하신 예수님의 심판에 대해 이렇게 경고했다. "그리스도인들은 주님이 실제로 땅으로 오실 것이라고 생각하지만 우리는 그때는 알지 못합니다. 다만 우리는 주님이 늦어지는 이유를 추측할 수는 있습니다. 예수님은 우리에게 그분의 편에 자유롭게 설 기회를 주기 원하십니다. …… 그런 일이 일어나면 그것은 세상의 종말입니다. …… 그때 어느 쪽에 설 것인지를 선택하기에는 너무 늦게 될 것입니다. 일어서기가 불가능해졌다고 눕겠다는 선택을 했다고 주장할 수는 없는 것이지요. …… 자, 오늘 이 순간이 올바른 편을 선택할 우리의 기회입니다."[148]

네 번째이자 방송의 마지막 시리즈의 끝에서 그의 호소는 최고조에 달했다.

"자신을 버리십시오. 그러면 진정한 자아를 발견할 것입니다. 자신의 생명을 놓으세요. 그러면 생명을 구할 것입니다. 날마다 죽음과 자신의 야망, 그리고 가장 좋아하는 소망의 죽음, 그리고 결국에는 자신의 온몸의 죽음에 복종하십시오. 자기 존재의 모든 것으로 복종하십시오. 그러면 여러분은 영생을 찾을 것입니다. 아무것도 숨기지 마십시오. 여러분이 포기하지 않은 것은 어느 것도 진정으로 여러분의 것이 되지 않을 것입니다. 여러분 안에 아직 죽지 않은 것이 있다면 그것은 어느 것도 죽은 자들 가운데서 다시 살아나지 못할 것입니다. 자신을 찾으십시오. 그러면 결국 증오, 외로움, 절망, 분노, 파멸, 그리고 부패만을 발견할 것입니다. 그리스도를 찾으십시오. 그러면 그리스도를 찾을 것이며, 그리고 그리스도와 함께, 던졌던 다른 모든 것을 찾을 것입니다."[149]

필수 단계

전도를 위한 대화를 진행하다 보면 조만간 복음을 분명히 밝히는 것에서 응답의 요청으로 옮겨 가야 한다. 복음을 제시하고 질문에 답하며 예화를 제공하고 복된 소식을 전달하기에 필요한 다른 자료를 제공한다. 그때 우리는 불편함이라는 위험을 감수하면서 이렇게 말해야 한다. "당신은 그리스도인이 될 준비가 되셨습니까?" 이런 질문은 절대 편안하거나 자연스럽게 느껴지지 않을 것이다. 하지만 필수 불가결이다.

구원의 메시지 중 일부로써 응답의 요청이 포함된 성경 구절 목록을 어렵지 않게 모을 수 있다. 예수님의 죽음에 관한 역사적 사실에 관한 지식이나 신학적인 질문에 대한 신학적인 답변들 외에 더 많은 것이 필요하다. 누구나 회개하고 믿어야 한다.

회개의 정점은 세례 요한의 사역 초기에 나타난다. 그는 이렇게 선언했다. "회개하라 천국이 가까이 왔느니라"(마 3:2). 그와 마찬가지로 예수님도 공생애 사역 초기를 이런 말씀으로 여셨다. "때가 찼고 하나님의 나라가 가까이 왔으니 회개하고 복음을 믿으라"(막 1:15). 그리고 베드로도 오순절 설교의 절정에서 사람들에게 "너희가 회개하여 각각 예수 그리스도의 이름으로 세례를 받고 죄 사함을 받으라"(행 2:38)고 요청했다.

예수님은 주요 순간에 가르침에서 응답의 요청으로 옮아가셨다. 제자들에게 자신의 정체성에 관한 세상 사람들의 생각이 어떠한지 물으신 후에("사람들이 나를 누구라 하느냐?") 이렇게 콕 집어서 물으셨다. "너희는 나를 누구라 하느냐"(막 8:28-29). "나는 부활이요 생명이니 나를 믿는 자는 죽어도 살겠고 무릇 살아서 나를 믿는 자는 영원히 죽지 아니하리니"라고 담대히 선언하신 다음에는 종종 사람들이 간과하는 질문을 덧붙이셨다. "이것을 네가 믿느냐"(요 11:26).

우리는 이 문장들을 기억하여 우리 뼛속까지 깊이 새기도록 해야 한다. 성경 말씀을 찾아 자주 나오는 응답의 요청을 보라. 그 요청의 말씀이 주는 힘을 느끼라. 타협하고자 하는 유혹이 올 때(그것들은 확실히 올 것인데) '침묵의 증인이 되라'거나 '광신자가 되지 말라', 혹은 '항상 복음을 전하라; 필요할 때 말을 하라'는 결점이 있는 구호에 끌릴 것이기 때문이다. [150]

비용 계산하기

복음을 전하는 대화를 토론에서 결단에 이르도록 행동에 옮기지 못하는 것은 많은 사람이 저지르는 실수 중의 하나이다. 결국 사람끼리의 대화가 하나님과 직접 소통이 되도록 대화의 초점을 돌려야 한다. 구원을 얻기 위해 모든 사람이 주님의 이름을 부를 필요가 있다(롬 10:13). 그러므로 우리도 그들에게 그리하도록 촉구해야 한다.

만약 다른 사람을 그리스도의 십자가 사역에 초청해본 적이 없거나 경험이 없다면 스스로 그 이유를 자문하라. 거절이 두려워서인가? 하나님의 영광보다 자신의 편안함을 우상화하고 있는 것은 아닌가? (인정하기 싫지만 내 경우가 바로 이 우상숭배에 해당된다.) 당신이 하나님의 나라로 인도되었을 때 가졌던 그 태도-회개-를 떠올린다면 확신 있게 응답을 요청할 수 있는 자유와 도움을 얻을 것이다.

이와는 반대되는 실수로는 아직 준비 안 된 사람을 너무 강하게 몰아붙이는 경우이다. 그런 강한 태도는 자칫 화를 내는 듯이 보이거나 거칠고 잘난척하는 것으로 들릴 수 있다. "당신은 죄인입니다!" 또는 "뭘 망설이는 건가요?"라는 말은 사람들이 어둠에서 빛으로 건너오게 만드는 데 도움이 되지 않는다.

내가 그런 오만의 덫에 걸리진 않았는지 점검해보자. 당신이 그토록 강한 태도를 취하게 촉발하는 것은 무엇인가? 하나님의 때를 기다리지 못하는 조급함 때문일까 아니면 주의 능력이 임하실 것에 대한 신뢰가 부족해서일까? 전도 과정에서 자신의 역할에 대해 과신하기 때문일까? 그 어디에 해당하더라도 당신에게도 마찬가지로 회개가 필요할 것이다.

세 번째는 조금 더 사소한 실수인데, "사람들이 진입하기 쉽도록" 기준을 너무 낮추려는 흔한 유혹에 빠지는 것이다. 전도 대상자를 믿음에 이르게 하고 싶은 마음이 너무 간절해서 예수님의 제자가 되는 대가를 줄여놓거나 복음의 메시지를 왜곡하기도 한다.

여러 방식으로 이런 함정에 빠질 수 있다. 예컨대, 구원받기란 선물을 받는 것처럼 간단하다고 말하는 것이다. 사실 신약성경은 구원을 선물받는 것에 비유하기도 했다(엡 2:8-9). 그렇지만 구원의 선물은 생일 선물과는 전혀 다르다. 두 가지 모두 그냥 주어지는 선물임은 맞다. 그런데 생일 선물을 받을 자격에는 죄의 회개 또는 스스로는 그 선물을 제공할 능력이 없음에 대한 인정이 포함되지 않는다. 작가이자 신약성경학자인 데인 오트룬드Dane Ortlund는 '의롭다함을 얻음justification'

의 교리를 이렇게 멋지게 요약했다. "기독교에서 직관에 가장 어긋나는 측면이 있다. 하나님과 함께 의롭다고 선언되는 것은 우리가 제대로 행동하기 시작한 때가 아니라 혼자서는 결코 제대로 행동하지 못할 것을 정직하게 인정하는 때이다."[151] 그러므로 선물의 비유를 너무 느슨하게 사용하지 않도록 주의하자. 아마도 물에 빠진 사람에게 구명구를 내려주는 비유가 더 적절할 것이다. 구명구도 여전히 받는 것이긴 하지만 생일 선물보다는 더 구원에 가까워 보인다.

어떤 예화를 선택하든 우리는 언제나 전도를 위한 토론이 무죄한 메시아가 고통을 받음으로써 죄인이 구원을 받을 수 있게 되었다는 비유가 가리키는 지점으로 돌아가도록 해야 한다. 그렇지 않으면 전혀 진리가 아닌 기독교를 제시할 위험을 만나게 된다.

C. S. 루이스를 읽으면 특히 그런 실수를 피하는 데 도움이 된다. 그는 우리의 말을 듣는 사람들에게 그리스도를 믿는 대가와 회개의 의미를 이해하도록 촉구하는 데 도움이 되는 다양한 모델을 제공한다. 루이스는 회개의 필요를 약화하거나 그리스도 없는 죄인의 절박한 상황을 경시하지 않는다. 우리는 그의 예를 따라 사람들에게 "개선이 필요한 불완전한 피조물이며 …… 자신의 팔을 뻗어야만 하는 반역자"라고 말해야 한다.[152]

루이스는 자신이 복음에 저항했던 경험을 솔직하게 나눔으로써 사람들이 감내해야 하는 대가를 계산하도록 도왔다. 예컨대, 그는 산상수훈을 "좋아하지" 않는다고 말했다. "아무도 그것을 '좋아할' 사람은 없을 거라고 생각합니다. 누가 커다란 해머로 얼굴을 가격당하는 것을 좋아하겠습니까?"[153] 그렇지 않으면 한 무신론자가 루이스가 했던 다음의 이야기를 듣고 어떻게 화를 낼 것인지 상상해보라. "나는 하나님이 존재하지 않는다고 주장했습니다. 또 그분이 존재하지 않으신다는 이유로 하나님께 매우 화가 났죠."[154] 사람들이 루이스의 의심과 질문, 반박 그리고 그 이후 그리스도의 주되심에 순종하게 된 이야기를 듣는 사람들은 루이스의 인도를 따라 신앙의 길로 들어서는 자신을 상상할 수 있게 된다.

우리도 그 일을 할 수 있다. 신앙에 이르는 당신의 여정은 어떠했는가? 당신을 나아가지 못하게 붙잡던 것은 무엇이었는가? 당신에게 '회개와 믿음'은 어떻게 다가왔는가? 그리스도를 믿고 나자 당신에게 어떤 변화가 생겼는가? 급작스러운 위기를 겪고 예수를 주로 의지하게까지 어떻게 바뀌게 되었는가? 이것이 믿음의 가장 중요한 단계이며 이 단계를 밟아 가는 것이 어떠한지 다른 사람들이 상상할 수 있도록 자신의 이야기를 하는 일은 어렵지 않게 도움을 줄 수 있다.

물론 그러한 대가와 변화가 그리스도인이 되자마자 생기는 것은 아니다. 그리스도인의 생활 전반에서 루이스는 대가 없는 제자도에 대해 여러 방면으로 주의를 주었다. 『사자, 마녀 그리고 옷장』을 읽은 사람이라면 아슬란조차 안전하지 않다는 경고를 잊을 수 없을 것이다. "비버 씨가 말한다. '안전이라고? 누가 안전을 말했단 말인가? 그는 안전하지 않아. 그래도 괜찮아. 그는 왕이시거든.'"[155] 루이스는 직접적으로 이렇게 가르쳤다. "종교 따위에는 신경 쓰지 말고 내가 원하는 방식으로 나를 행복하게 해달라는 요구를 하나님께 하는 것은 좋지 않습니다. 하나님이 하나님 자신을 떠난 이에게 행복과 평강을 주실 수는 없습니다. 왜냐하면 하나님이 없는 곳에서는 행복이란 것이 없으니까요."[156] 구체적으로 그는 이런 경고의 불빛이 반짝이도록 했다. "그리스도는 말씀하십니다. '나에게 모든 것을 달라. 나는 너희의 시간이나, 너희의 돈이나, 너희의 노력을 원하지 않는다. 나는 너희를 원한다. 나는 너희의 자연적인 자아를 괴롭히러 온 것이 아니라 그것을 죽이러 왔다.'"[157]

루이스는 망설이지 않고 진지하게 복종의 필요성을 표현했다. 우리도 그래야 한다. 결국 예수님은 자신을 따르는 것과 사망의 상징인 "십자가를 지는 것"을 동일하게 여기셨다. 예수님은 이렇게 덧붙이신다. "자기 목숨을 얻는 자는 잃을 것이요 나를 위하여 자기 목숨을 잃는 자는 얻으리라"(마 10:39).

그렇다고 언제나 엄숙하기만 해야 한다는 뜻은 아니다. 공개적인 자리에서 루이스는 이런 질문을 받은 적이 있다. "세상의 종교 중에서 그 추종자들에게 가장 큰 행복을 주는 종교는 무엇입니까?" 그는 이렇게 답변했다. "지속되기만 한다면 자기 숭배의 종교가 최고지요. 내가 아는 한 노인은 거의 80세가 되셨는데 아주 어릴 때부터 이기심과 자아 존중의 삶을 사셨죠. 깨진 적이 없어요. 안타깝지만, 그분이 아무래도 내가 아는 최고의 행복한 사람 중의 한 분 아닐까 싶습니다. 도덕의 관점에서 보면 판단하기 매우 어려운 것이죠! 나는 도덕이라는 각도에서 이 문제를 접근하는 것이 아닙니다. 아마 여러분도 아시겠지만 처음부터 내가 그리스도인이었던 것은 아닙니다. 나는 행복을 위해 종교에 귀의하진 않았어요. 언제나 한 병의 포도주라면 행복감을 주는 면에서는 종교를 대체할 수 있다고 생각했죠. 여러분이 편안함을 느끼게 하는 종교를 원한다면 나는 확실히 기독교를 추천하지는 않습니다."[158]

때로는 유머가 도움이 될 수 있다.

단어를 잘 선택하자

전도의 대상자에게 응답을 요청할 때는 어휘를 어떻게 선택하는 것이 현명할지도 생각할 가치가 있다. 즉흥적인 창의력에 기대기보다는 미리 문구를 잘 조합해두자. 이제 믿을 준비가 된 사람 앞에서 할 말을 생각하고 있을 수는 없으므로 사전에 무엇이라 말할지 연습해두는 것이 좋다.

루이스가 그랬듯 이미지 사용에 자신감이 있다면, 전도 대상자에게 "한쪽에 서세요" 혹은 "팔을 뻗으세요", 아니면 "자신을 포기하라"라는 식으로 말할 수 있겠다. 이때 성경을 활용하면 상당히 도움이 된다. 나는 개인적으로 요한복음 3장 1-21절을 많이 활용한다. 예수님이 니고데모와 대화를 나누시는 장면이다. 거기서 예수님은 응답의 필요성에 집중하시면서 거듭남의 이미지와 성령과 바람을 비교하여 설명하신다. 우리에게 필요한 모든 이미지는 이미 예수님의 말씀 속에 주어져 있다.

대개 나는 전도 대상자와 함께 그 부분의 성경 구절을 읽는다. 그가 소리 내어 읽도록 하고 이해했는지 알아보는 질문을 한 다음, 필요한 부분은 추가로 설명하여 명확하게 이해시킨다. 그리고 예수님이 니고데모에게 응답하도록 격려하신 방식으로 그에게 응답할 준비가 되었는지 물어본다.[159]

또, 성경 구절을 직접적으로 찾을 수 없을 때를 대비해서 사용할 구체적인 문장을 잘 생각해두는 편이 좋다.

전도에서 쓰기에는 '결단하다'보다는 '응답하다'라는 단어가 더 어울린다. '결단'이란 말은 우리 자신에게 그 중점을 두는 것 같은 어감을 준다. 하지만 우리는 사람들에게 응답을 요청하면서 하나님께서 하신 일에 대해 초점을 두는 것이다.

'그리스도인이 되어감becoming a Christian'이라는 어구 또한 그것이 전하는 거듭남 혹은 중생의 의미를 실감 나게 전달하기 때문에 유용하다. 이 말은 믿음의 인지적 변화, 그 이상을 지목한다. 사람들이 뭔가 새로운 존재가 되려면 단지 그들의 마음만이 아니라 자신의 전 존재를 복종하는 방향으로 움직여야 한다.

'믿다believe'라는 단어는 현대의 문맥으로 번역될 필요가 있을 것이다. 대부분 믿음이라는 것은 실제로는 그렇지 않지만 그것이 진실인 척하는 종류라고 생각한다. 무언가를 믿음으로써, 그것을 현실로 만든다는 것이다. 성경이 말하는 '믿음'을 설명하기 위해 나는 '신뢰'라는 단어로 대체하기를 좋아한다. 우리가 예수님을 믿는다는 것은 자신을 신뢰하는 것에서 그분을 신뢰하는 것으로, 신뢰의 대상을 이전하는 일이다. 다시 말해, 우리는 우리가 하는 일에 대한 신뢰를 멈추고, 그 대신 예수님이 하셨던 일에 의지한다.

나는 이런 질문을 사람들에게 즐겨 묻는다. "지금 당신이 그리스도를 신뢰하지 못하게 막고 있는 것은 무엇인가요?" 이렇게 물으면서 사람들이 자신의 온 자아로 복음을 받아들이도록 격려한다. 이런 '막다'와 '신뢰하다'라는 대비되는 이미지는 믿음을 방해하는 것들의 손아귀에서 벗어날 수 있게 한다. 질문을 표현하는 방법이 바로 외면에서 내면으로 옮겨 가도록 그들을 돕는다.

또, '맞아들이다receive'라는 말은 성경에서는 '믿다'라는 말과 동의어로 사용된다("그러나 그를 <u>맞아들인</u> 사람들. 곧 그 이름을 <u>믿는</u> 사람에게는, 하나님의 자녀가 되는 특권을 주셨다." 요 1:12 새번역). '믿다'의 의미에 대한 정의가 필요한 것처럼 '맞아들이다'도 그 뜻을 번역하거나 정의가 필요할 것이다. 어떤 사람들에게는 누군가를 맞아들인다는 의미는 죄인이 법정에서 사면을 내리면 기꺼이 맞아들이는 것처럼 일종의 투항과 순종의 뜻을 내포한다.

우리도 응답해야 한다

지금까지 우리는 비그리스도인이 복음에 응답할 필요를 점검했다. 그런데 그들에게 응답을 요청한 그 복음이 우리 그리스도인들에게도 응답하기를 요청한다. 복음만이 구원을 준다는 메시지를 선포하기로 작정하는 것이 바로 우리가 해야 할 응답이다.

우리는 감히 "단지 삶으로 증거하는 조용한 증인이 되라고 부름받았어"라거나 "단지 경험만을 말할 필요가 있어." 같은 평계 뒤에 숨을 수 없다. 그런 말은 전도의 초기 단계에는 적합하지만, 사람들이 회개하고 복음을 믿도록 그들을 부르는 일은 메시지의 일부이므로 결코 빼먹어서는 안 된다.

말은 쉬워도 실천은 어렵다. 우리는 그 어려움을 인정함과 동시에 피하지 말고 불신앙으로 인한 엄중한 결과에 대해 경고해야 한다. 그런 과정에서 전도 대상자들과 우리에게 고통이 따를 것임은 충분히 예상된다. 그들이 거절할 가능성(7장에서 보았듯이)과 함께 마찬가지로 고통스러운 일을 예상할 수 있다. 성경은 "큰 근심이 있는 것과 마음에 그치지 않는 고통"(롬 9:2)이라고 했다. 그래도 그 고통이 우리를 멈추게 해서는 안 된다.

여기서 다시 C. S. 루이스의 예에서 도움을 받을 수 있다. 그는 사람들과 분리되어 자신이 가르치는 교실과 개인적인 연구 또는 자신의 책상에 머무를 수도 있었다. 그의 시詩 강의는 인기가 있었고 그의 강의에 매료되어 몰려온 다수의 학생에게 감명을 주었다. 그러나 그는 상아탑에서 나와 라디오에서, 군대 등 학교와는 다른 환경에서 설교했다. 그는 훨씬 더 광범위한 청취자에 맞게 자신의 어휘와 태도 그리고 전달 방식을 조절했다. 그는 "나는 만약 당신이 자신의 생각을 교육받지 않은 언어로 번역할 수 없다면 그 생각은 제대로 정리되지 않은 것이라는 확신에 이르게 되었습니다. 번역하는 능력은 정말로 그 의미를 이해했는지에 대한 시험입니다."[160]라고 했던 자신의 조언을 몸소 실천하였다.

그는 학자로서 "때로 한 공동체가 비교적 동질적이고 장기에 걸쳐 비교적 방해를 받지 않을 때, 그러한 믿음의 체계는 계속될 수 있다. 물론 그 발달과 함께, 물질문화가 야만의 수준을 훌쩍 뛰어넘는 진보를 이룩한 한참 후에 말이다."[161]라는 식의 복잡한 학문적인 문장들을 쓰기도 했다.

그렇지만 복음주의자인 그는 이렇게 지적할 수 있었다. "오해하지 말기를 바랍니다. 하나님은 '네가 허락한다면 나는 너를 완전하게 만들겠다. 네가 너 자신을 내 손에 맡기는 것, 곧 그것이 네가 할 일이야. 그 이상도 그 이하도 아니야.'라고 말하십니다."[162]

비그리스도인들이 복음을 통해 그들을 구원할 하나님의 능력을 신뢰할 필요가 있는 것과 마찬가지로 그리스도인들도 복음 전파에 자신을 사용하실 하나님의 능력을 신뢰할 필요가 있다. 루이스 정도로 멋지게 어휘를 조합할 수 있는 사람은 별로 없겠지만 모든 그리스도인은, 비록 언어 능력이 약한 자들이라 할지라도, 놀라운 방식으로 하나님에 의해 쓰임 받을 수 있다. 우리는 하나님의 손에 자신을 맡겨드리고, 거절당할 위험을 무릅쓰며 우리의 입을 열어 사람들에게 그들이 가진 유일한 희망에 대해 말할 필요가 있다.

그들은 우리를 무시하고 화를 내거나 다시는 그런 얘기를 꺼내지도 말라고 말할지도 모른다. 그러나 만약 그들이 복음의 메시지에 응답한다면? 만약 우리의 주장과 단서와 비유, 해석과 설명을 듣고 난 후 "좋습니다!"라고 대답한다면? 그 후에는 어떻게 해야 할까? 그들은 구원을 받을 것이다! 거듭나게 된다! 하나님의 자녀가 된다! 구속받았다! 하나님과 화해하였다! 의롭다 하심을 받았다! "그들이 평생 두드렸던 문이 마침내 열릴 것입니다."[163]

또는 루이스가 다른 장소에서 표현했듯이, 그들은 "하나님의 긍휼하심을 받을 뿐 아니라 사랑을 받을 것이며, 화가가 자신의 작품을 기뻐하듯이 또는 아버지가 그 아들을 기뻐하듯이 기뻐함을 입게 될 것입니다. 그것은 불가능해 보이는, 우리의 생각이 지탱하기 힘든 영광의 무게요, 지기 힘든 짐입니다. 그러나 참으로 그렇게 됩니다."[164]

◇ 맺는 말:
멈추어 바라보다

우리는 '다른 세상'을 가리키는 단서에서 시작하여 세상의 왕이신 분께 복종하는 것에까지 먼 길을 왔다. 그 길을 마다하지 않을 이유는 오늘날 '이차적인 것들'에 매달려 살던 많은 이들이 자신을 구원할 수 있는 유일한 '일차적인 것'을 찾기 위해서는 먼 길을 가야 할 필요가 있기 때문이다.

『기쁨에 놀라다Surprised by Joy』는 무신론자에서 그리스도인이 되기까지의 C. S. 루이스 자신의 신앙 여정을 기록한 책이다. 그 책 거의 끝에서 그는 평생 추구했던 기쁨에 관한 주제를 다시 다루고 있다.

"결론적으로 말해 기쁨이란 무엇입니까? 왜냐하면 결국 그 이야기가 주로 다루고 있는 것이 바로 기쁨이니까요. 사실을 말하자면, 기쁨이란 주제는 내가 그리스도인이 되고 난 후에는 거의 관심을 잃었던 것입니다. …… 예전에는 기쁨을 나 자신의 마음 상태일 뿐이라고 생각했고, 그 중요성도 결코 인식하지 못했었습니다. 전에 그것은 오직 뭔가 다른 것과 외부의 것을 가리키는 안내판으로만 가치가 있었습니다."[165]

여기에 루이스가 발견한 역설이 있다. 전도서와 산상수훈 그리고 성경의 다른 곳에서도 말하는 것들이다. 즉 사람들이 일차적인 것과 이차적인 것의 순서를 제대로 배치한다면 이차적인 것을 하나님의 선물로 기뻐할 수 있다는 것이다. "주의 오른쪽에는 영원한 즐거움이 있나이다"(시 16:11). 그들이 '안내판'을 완전히 잃어버린 것은 아니다. (물론 그들은 철저히 죄된 행위를 버릴 필요가 있다.) 대신 그들은 이제 자신들의 참된 안목으로 이차적인 것들을 보고 있다. 그래서 루이스는 『기쁨에 놀라다』의 마지막 문장을 다음과 같이 썼다. "물론, 나도 종종 덜 중요한 길가의 물건을 바라보느라 길을 멈추곤 했었습니다."[166]

이것은 루이스의 입장에서는 병의 재발이 아니라 뜻깊은 재평가였다. 그의 "멈추어 바라보기"는 이제 우상숭배적인 것이 아닌 적절한 평가로 볼 수 있다.

복음에 믿음으로 응답한 사람들은 구원, 평화, 그리고 영원한 생명을 찾는다. 성공이나 인간관계 혹은 소유나 다른 사람의 인정, 여타 다른 '안내판'에 자신의 희망을 걸었던 사람들이 이제는 하나님이 자신의 반석이요 구속자이심을 발견하고 그분에게로 대피한다. 그들은 멈추어 바라보면서 "실제 모습 그대로의 그곳을 보게"[167] 된다. 그들은 "적어도 자고, 씻고, 먹고, 마시고, 사랑하고, 놀고, 기도하고, 일하는 것에서 [하나님의] 염려를 끼치지 않고 …… 것들을"[168] 즐길 수 있게 된다. 그들은 "하나님을 찾고, 그분에게 다른 모든 것을 집어넣는다."[169] 사람들이 먼저 그의 나라와 그의 의를 구하면 이 모든 것을 [그들에게] 더하실 것이다(마 6:33).

여러 방향으로 '멈추어 바라보기'를 행하는 것은 적절해 보인다. 우리의 응시가 단지 복음을 가리키는 안내판만이 아니라 열매 맺는 순전한 복음 전도를 위한 준비로 쓰임 받기를 하나님께 기도하자.

먼저, 멈추어 자신의 내면을 바라보라. 구원받았을 때의 기쁨을 떠올려보라. 하나님이 어떻게 주권적으로 역사하여 나를 자녀로 받아주셨는가? 맨 처음 당신이 복음에 끌리게 된 것은 어떤 부분인가? 만약 어릴 때부터 하나님을 믿었다면 지금 당신에게 가장 의미가 있는 것은 복음의 어떤 면인가?

자신의 내면을 바라보고 하나님이 비그리스도인들을 전도하려는 당신의 노력을 강화하기 위해 당신에게 어떤 능력을 선물로 주셨는지 찾아보라. 전도 대상자들과 나눌 수 있는 당신의 열정과 관심은 어떤 것인가? 루이스가 묘사한 대로, 채워지지 않은 갈망이자 다른 세상이 있음을 알려준 기쁨을 당신은 어디에서 발견했는가?

그리스도인이 되었어도 음악에 대한 내 사랑은 식지 않았다. 오히려 반대로 해를 거듭할수록 커져만 갔다. 이제, 한 소절의 음악을 맺고 나면 그 내려놓음을 만끽한다. 음악에 실망할 때가 있어도 음악이 영원을 향한 나의 동경을 강화한다는 것을 잊지 않는다. 이제 나는 음악이 나를 구원할 것으로 보지 않는다. 나는 모든 좋은 선물을 주시는 분을 가리키는 안내판으로서의 음악을 즐길 수 있게 되었다. 그리고 다른 사람들에게도 같은 하나님을 알려줄 수 있다. 음악은 사전 전도 대화를 시작하기 위해 자주 사용하는 화제가 되었다.

둘째, 자기 주변과 하나님이 당신에게 주신 지역 교회 주변을 멈추어 바라보라. 어떻게 하면 당신은 더 다양한 사람들을 널리 전도할 수 있는 전도 팀에 소속될 수 있을까? 루이스는 자신이 전도의 겨우 한 가지 역할만 했을 뿐이라고 생각했음을 기억하라. 그는 사람들이 생각해볼 논리정연한 주장을 하는 변증론자였다. 다른 누군가가 그 길에 함께 가서 응답을 위해 조금 더 구체적으로 설교할 필요가 있었다. 그런 전도의 과정 어디에 자신을 놓고 있는가? 이런 생각들을 그리스도인들과 나누고 전도를 위한 당신의 노력에 힘을 합쳐줄 것을 요청하라.

셋째, 내 주변의 세상을 멈추어 바라보자. 하나님이 주권적으로 그분의 세계 중 당신이 속한 곳에 놓아두신 사람들은 누구인가? 그런 사람들은 어떤 영적 믿음을 지녔는가? 그 신앙이 그들을 얼마나 굳게 붙들고 있는가? 복음을 위한 다리를 세우고 토론을 시작할 수 있는 화제는 어떤 것들인가? 일상생활에서 당신이 찾을 수 있는 하나님에 관한 단서에는 어떤 것들이 있는가?

주변 사람들을 위해 규칙적으로 기도하기 위해 당신은 어떤 시스템을 만들어두고 있는가? (혹은 만들 수 있는가?) 루이스가 사람들을 보던 방식대로 사람을 대할 방법을 발전시키도록 하라. "평범한 사람은 없습니다. 진정으로 유한한 것들과는 대화가 되지 않습니다. 국가나 문화, 예술과 문명, 이런 것들은 유한하며, 그것들은 하루살이와 같습니다. 그러나 우리가 농담하고, 일하고, 결혼하고, 모욕하고, 착취하는 사람들은 불멸입니다. 그것은 불멸의 공포가 되거나 영원한 영광이 될 것입니다."[170]

넷째, C. S. 루이스를 응시하라. 그가 주는 교훈 중에서 당신이 특별히 자신의 삶에 적용하기를 원하는 부분을 찾아 묵상하라. 아마 당신은 도서 목록에 그의 책 한두 권쯤은 올려놓았을 것이다. 하나님이 어떻게 루이스를 사용하셨는지 기억하여 용기를 내자. 사실 그는 복음 선포에서는 다소 안 어울리는 전도자였다.

그러나 우리는 경고의 언어도 들어야 한다. 루이스는 완벽하지 않았으며, 그의 신학은 어떤 점에서는 의심스러웠다. 심지어 그의 위대한 책 『순전한 기독교』에도 결점이 있다.[171] 만약 내가 비그리스도인에게 그 책을 한 권 선물로 준다면 나는 루이스의 관점 일부는 시대에 뒤처졌으며 그의 생각도 일부 약점이 있다고 언질을 줄 것이다. 대부분, 나는 사람들에게『순전한 기독교』의 첫 두 장에 집중하라고 충고한다. 나는 그 부분이 그 책에서 가장 적절하다고 본다.[172] 당신은 전도할 때 그의 저작을 어떻게 활용할지를 결정해야 할 것이다. 전도 대상자에게『사자, 마녀 그리고 옷장』을 줄 것인가 아니면『스크루테이프의 편지』나『순전한 기독교』를 선물할 것인가? 어떤 사람들은 비소설보다는 소설류에 더 반응한다. 적절하다고 여겨지는 때가 언제일지 그때 무엇을 사용할지를 미리 결정해두라.

다행히 우리에게는 C. S. 루이스보다 더 좋은 자료가 있다. 바로 성경이다.

그러므로 다섯 번째는 성경, 특히 복음에 대한 수없이 많은 묘사를 응시하라. 하나님의 말씀을 읽고 공부하고 암송하며 묵상하고 기뻐하라. 복음에 대한 구약의 준비, 예언, 전도들을 깊이 파고들라. 예수님이 말씀하시고 행하신 모든 것에 대한 신약의 설명을 꼼꼼히 점검하라. 하나님이 '양날의 검'을 사용하여 당신을 변화시키고, 그리하여 다른 사람들도 당신의 인생을 그렇게 달라지게 만든 바로 그 책을 읽어보길 원하게 해주실 것을 기도하라.

전도를 망설이는 이라면 (맞다. 그런 부류에는 나도 포함된다) 성경의 말씀이 우리가 자유롭게 목소리를 낼 수 있게 함을 기억하는 것이 좋다. "우리로 말미암아 각처에서 그리스도를 아는 냄새를 나타내시는 하나님께 감사하노라 우리는 구원 받는 자들에게나 망하는 자들에게나 하나님

앞에서 그리스도의 향기니"(고후 2:14-16). 하나님은 불완전한 전도자에 의해 제한받지 않으신다. 우리의 확신은 우리 자신의 능력에서 나오는 것이 아니라 그분 안에 두고 있다.

가장 중요한 것은 주님, 그분을 멈추어 바라보는 것이다. 그의 능력과 은혜에 감탄하라. 하나님이 어떻게 자신을 구원하셨는지, 그의 역사하심을 어떻게 기뻐하는지, 사람들의 이야기에 귀를 기울이라. 주님에게 불가능한 것은 없다. 하나님이 찾지 못하고 구원하지 못하며 구속하지 못할 잃어버린 자는 없다. 사람들의 간증이 교회 소그룹 모임이나 다른 교제 시간에 정기적으로 나누는 요소가 되도록 만들라. 여러해 전 하나님이 하셨던 일은 잊고 점차 안일해지거나 습관적이 되기 쉽다. 그런 일이 일어나지 않게 하라.

나는 내 인생의 반 이상을 전도사역에 보냈다. 나는 기적이라고 설명할 수밖에 없는 방식으로 하나님이 일하심을 보았다. 나는 사람들이 인생의 의미에 대해 그리고 하나님을 아는 방법을 궁금해하는 사람들의 이야기를 들었다. 나는 무신론자, 불가지론자, 다른 신앙을 가진 사람, 그리고 온갖 종류의 유혹과 파괴적인 선택의 결과로 괴로워하는 청년과 마주하여 앉았었다. 불신앙의 많은 표현을 들었는데, 17살 학생이 친구에게 보낸 아래의 편지가 그 예이다.

"너는 내 종교관에 관해 물었지. 네가 알다시피 나는 종교가 없어. 절대 그것들에는 어떤 증거도 없고, 철학적인 관점으로 보아도 기독교가 최고는 아니야. 모든 종교, 다시 말해, 모든 신화는, 적절한 이름을 주자면, 그저 인간 자신의 발명품에 지나지 않아. 그리스도는 록키 같은 배우이며 …… 모든 시대에는 그 나름의 미신이 보통 사람들을 사로잡지만, 어느 시대나 교육을 받고 생각할 줄 아는 사람들은 그 미신에서 벗어나 있었지. 비록 대개 편리상 겉으로는 숨기고 있더라도. …… 물론, 명심해, 내가 물질세계 외에는 아무것도 없다고 확신하는 것은 아니야. 늘 새로운 발견이 일어나고 있는 점을 고려하면, 그런 확신은 어리석은 일이겠지. …… 이러한 문제에 관해 새로운 빛이 비쳐질 때마다, 나는 기꺼이 그 빛을 환영할 거야. 그런다 해도 나는 어떤 오래된 (그리고 이미 부패해가는) 미신에 대한 신앙이 주는 속박으로 돌아가지 않을 거야."

이런 편지는 수천 명 중의 어떤 사람이라도, 어쩌면 오늘날에는 수백만 명 중의 어떤 사람이라도 쓸 수 있을 내용(비록 그다지 유려하게 표현하지는 못하더라도)임을 알아야 한다. 이웃, 친구 그리고 동료 중 점점 더 많은 수가 자신은 무신론자라고 밝히고 있다. 이 편지를 쓴 친구처럼 그들은 지적으로 그리고 도덕적으로 "그 자신의 발명품인 신화"나 "미신"을 믿는 그리스도인들보다는 더 우월하다고 느낀다. 당신은 많은 사람이 비록 입 밖으로 말하지는 않아도 그런 종류의 생각을 깊이 자리 잡은 소신으로 받아들이고 있음을 알아야 한다.

사실 그 편지는 C. S. 루이스가 쓴 것이다.[173] 그는 스스로를 "가장 마지못한 회심자"라고 불렀다.[174] 그리고 어쩌면 우리가 그의 인생과 경험, 책이나 에세이와 편지 그리고 우정에서 배울 수 있는 가장 중요한 교훈은 바로 이것일지 모르겠다. "여호와의 손이 짧아 구원하지 못하심도 아니요"(사 59:1).

마지막으로, 멈추어 바라보아야 할 곳은 천국이다. 믿음으로 복음에 응답하는 사람은 C. S. 루이스가 그랬듯이 하나님의 "강요하심은 우리에겐 자유"[175]라는 점을 깨달아야 한다. 그리고 그들은 "각 나라와 족속과 백성과 방언에서 아무도 능히 셀 수 없는 큰 무리가 나와 흰 옷을 입고 손에 종려 가지를 들고 보좌 앞과 어린 양 앞에 서서 큰 소리로 외쳐 이르되 구원하심이 보좌에 앉으신 우리 하나님과 어린 양에게 있도다"(계 7:9-10) 하신 그 무리에 속하게 될 것이다.

그들은 하나님이 "모든 눈물을 그 눈에서 닦아 주시니 다시는 사망이 없고 애통하는 것이나 곡하는 것이나 아픈 것이 다시 있지 아니하리니 처음 것들이 다 지나갔음이러라"(계 21:4) 하신 그곳에 거하게 될 것이다.

그들은 "지구상의 어느 누구도 읽지 못한 위대한 이야기 중 제1장을 시작하게 될 것인데, 그것은 영원히 지속될 것이며, 모든 장은 그 이전의 것보다 더 좋아질 것이다."[176]

주

들어가면서

1. www.christianitytoday.com/ct/2000/april24/5.92.html(accessed 27 Nov. 2020).
2. Justin Phillips, C.S. *Lewis in a Time of War* (Zondervan, 2006), p.116.
3. Justin Phillips, C.S. *Lewis in a Time of War*, p. 117.
4. George Sayer, Jack: A Life of C.S. Lewis (Crossway, 1988), p. 278.
5. C.S. Lewis, *Mere Christianity* (Geoffrey Bles, 1952; this edition, HarperCollins, 1980), p. 52.
6. C.S. Lewis, *Mere Christianity*, p. 136-137.
7. C.S. Lewis, *Surprised by Joy: The Shape of My Early Life* (Geoffrey Bles, 1955; this edition, Mariner Books, 2012), p. 228-229.
8. C.S. Lewis, *God in the Dock* (Eerdmans, 1970), p. 183.
9. C.S. Lewis, God in the Dock, p. 181.
10. Martin Moynihan, ed. *The Latin Letters of C.S. Lewis* (St. Augustine Press, 1987), p. 101. Quoted in Lyle W. Dorsett, *Seeking the Secret Place: The Spiritual Formation of C.S. Lewis* (Brazos, 2004), p. 28.

1장. 왜 사전 전도가 필요한가

11. Thomas A. Tarrants, Consumed by Hate: Redeemed by Love (Nelson Books, 2019), p. 117.
12. Abigail Santamaria, *Joy: Poet, Seeker, and the Woman Who Captivated C.S. Lewis*, (Houghton, Mifflin, Harcourt, 2015), p. 175.
13. 나는 이 주제에 관해서는 *Questioning Evangelism* (Kregel, 2004, 2017), *Bringing the Gospel Home* (Crossway, 2011), 그리고 *Unlikely Converts* (Kregel, 2020)에서 더 자세히 살펴보았다. 또 프란시스 셰퍼에서도 배울 점이 많다. 특히 *The Francis A. Schaeffer Trilogy* (Crossway, 1990)를 참고하라.
14. John R.W. Stott, *The Message of Acts* (InterVarsity Press, 1999), p. 290.
15. C.S. Lewis, *Mere Christianity*, p. 3.
16. 이 문구는 *Mere Christianity*의 첫 책의 제목에서 왔다.
17. W.H. Lewis, *Letters of C.S. Lewis* (Harcourt Brace, 1966), p. 359.
18. C.S. Lewis, letter of 10 February, 1941, quoted in Angus J.L. Menuge, ed., *C.S. Lewis: Lightbearer in the Shadowlands* (Crossway, 1997), p. 213.

19. C.S. Lewis, *God in the Dock*, p. 243.
20. C.S. Lewis, *God in the Dock*, p. 94-95.
21. C.S. Lewis, *God in the Dock*, p. 90-91.
22. C.S. Lewis, *God in the Dock*, p. 172.
23. C.S. Lewis, *Mere Christianity*, p. 25.
24. C.S. Lewis, God in the Dock, p. 99.
25. C.S. Lewis, *Surprised by Joy*, p. 181.
26. C.S. Lewis, *Surprised by Joy*, p. 170.
27. Paul Ford, ed., *Yours, Jack: Spiritual Direction from C.S. Lewis* (HarperCollins, 2008), p. 28.
28. Paul Ford, *Yours, Jack*, p. 27.
29. C.S. Lewis, *Surprised by Joy*, p. 239, 237.
30. 나는 Tim Downs의 중요한 책 *Finding Common Ground: How to Communicate with Those Outside the Christian Community··· While We Still Can* (Moody, 1999)에 빚지고 있다.
31. Tim Downs, *Finding Common Ground*, p. 18.

2장. 복음의 단서에 호소하라

32. C.S. Lewis, *Surprised by Joy*, p. 17.
33. C.S. Lewis, *The Weight of Glory and Other Addresses* (Geoffrey Bles, 1949; this edition, HarperCollins, 1976), p. 42.
34. C.S. Lewis, *The Weight of Glory*, p. 39.
35. C.S. Lewis, *The Weight of Glory*, p. 31.
36. C.S. Lewis, *Surprised by Joy*, p. 17-18.
37. C.S. Lewis, *Surprised by Joy*, p. 7.
38. C.S. Lewis, *Of Other Worlds: Essays and Stories* (Geoffrey Bles, 1966; this edition, Harvest Books, 2002), p. v.
39. C.S. Lewis, *God in the Dock*, p. 12.
40. C.S. Lewis, *The Weight of Glory*, p. 140.
41. Gerard Manley Hopkins, "God's Grandeur" *in The Major Works* (Oxford University Press, 2009), p. 128.
42. C.S. Lewis, *God in the Dock*, p. 280.
43. C.S. Lewis, *The Weight of Glory*, p. 30-31.
44. C.S. Lewis, *Mere Christianity*, p. 6.
45. George Marsden, *C.S. Lewis's Mere Christianity: A Biography* (Princeton University Press, 2016), p. 169.

46. C.S. Lewis, The Weight of Glory, p. 42.

3장. 반대의견을 존중하라

47. C.S. Lewis, *Surprised by Joy*, p. 134.
48. C.S. Lewis, *Mere Christianity*, p. 153.
49. C.S. Lewis, *Mere Christianity*, p. 9.
50. C.S. Lewis, *God in the Dock*, p. 98.
51. James Como, *C.S. Lewis: A Very Short Introduction* (Oxford University Press, 2019), p. 109.
52. C.S. Lewis, *Mere Christianity*, p. 35.
53. C.S. Lewis, *Mere Christianity*, p. 62.
54. C.S. Lewis, *Mere Christianity*, p. 38.
55. C.S. Lewis, *The Problem of Pain* (The Centenary Press, 1940; this edition, HarperCollins, 2001), p. 5.
56. C.S. Lewis, *Mere Christianity*, p. 41.
57. Justin Phillips, *C.S. Lewis in a Time of War*, p. 310.
58. Corbin Scott Carnell, *"Longing, Reason and the Moral Law in C.S. Lewis's Search"* in Alfred J.L. Menuge, ed., C.S. Lewis, Lightbearer in the Shadowlands, p. 107.
59. 내 책, *Questioning Evangelism* (Kregel, 2004, 2017)을 보라.
60. 여기서는 이 복잡한 문제를 제대로 다룰 자리는 아니다. 나는 그저 이 주제에 대한 몇 가지 접근을 제안할 뿐이다. 더 깊은 내용에서는 Timothy Keller의 *The Reason for God* (Dutton, 2008), p. 3-21; Rebecca McLaughlin *Confronting Christianity* (Crossway, 2019), p. 47-58를 보라.
61. Will Herberg, *Protestant Catholic Jew* (Doubleday and Company, 1960).
62. See Paul Rezkalla, "If All Religions Are True, Then God Is Cruel," *The Gospel Coalition,* March 24, 2014, www.thegospelcoalition.org/article/if-all-religions-are-true-thengod-is-cruel (accessed 9 Dec. 2020).
63. Timothy Keller, *The Reason for God,* p. 20.
64. C.S. Lewis, *God in the Dock*, p. 98.

4장. 불편함을 유발하라

65. C.S. Lewis, *Mere Christianity*, p. 28.
66. Numbers 14 v 13-20; Nehemiah 9 v 7-18; Psalms 86 v 14-17; 103 v 7-12; 145 v 3-8, Joel 2 v 13-14; Jonah 4 v 1-3; Nahum 1 v 1-3.
67. Alfred Edersheim, *The Life and Times of Jesus the Messiah* (Eerdmans,

1971), p. 710-741.

1971), p. 710-741.

68. See Walter Kaiser, *The Messiah in the Old Testament* (Zondervan, 1995).
69. C. S. Lewis, *The Abolition of Man* (Oxford University Press, 1943; this edition, Touchstone, 1996), p. 36.
70. C. S. Lewis, *The Abolition of Man*, p. 37.
71. C. S. Lewis, *The Weight of Glory*, p. 139.
72. C. S. Lewis, *Mere Christianity*, p. 8.
73. C. S. Lewis, *God in the Dock*, p. 153.
74. C. S. Lewis, *Surprised by Joy*, p. 115.
75. Reed Jolley, *"Apostle to Generation X: C. S. Lewis and the Future of Evangelism"* in Angus J.L. Menuge, ed., C. S. Lewis, Lightbearer in the Shadowlands, p. 86.
76. C. S. Lewis, *Mere Christianity*, p. 31.
77. C. S. Lewis, *Mere Christianity*, p. 32.

5장. 복음의 중심성

78. George Marsden, *C. S. Lewis's Mere Christianity: A Biography*, p. 187.
79. C. S. Lewis, *Mere Christianity*, p. 51.
80. C. S. Lewis, *Mere Christianity*, p. 55.
81. C. S. Lewis, *God in the Dock*, p. 101.
82. C. S. Lewis, *Mere Christianity*, p. 57.
83. C. S. Lewis, *Mere Christianity*, p. 58.
84. C. S. Lewis, *God in the Dock*, p. 158.
85. C. S. Lewis, *Mere Christianity*, p. 27.
86. 예컨대, www. cru. org/us/en/how-to-know-god/would-you-like-to-know-god-personally. html or www. twowaystolive. com.
87. Timothy Keller, *"The Gospel in All Its Forms,"* Reformed Perspective Magazine, Volume 12, Number 9, February 28 to March 6, 2010. www. reformedperspectives. org/articles/tim_keller/tim_keller. Gospel. Forms. html (accessed 9 Dec. 2020).
88. Jerry Bridges, *The Discipline of Grace* (NavPress, 2006), p. 45.
89. C. S. Lewis, *The Weight of Glory*, p. 178-179.

6장. 이미지 활용의 가치

90. C. S. Lewis, *God in the Dock*, p. 219.
91. C. S. Lewis, *On Stories and Other Essays on Literature* (Harvest, 1982), p.

53.

92. C.S. Lewis, *The Problem of Pain*, p. 91.

93. C.S. Lewis, *The Weight of Glory*, p. 26.

94. Walter Hooper, ed., *The Letters of C.S. Lewis to Arthur Greeves* (1914-1963): They Stand Together (Macmillan, 1979), p. 566.

95. Michael Ward, "Escape to Wallaby Wood," in Angus J.L. Menuge, ed., *C.S. Lewis, LightBearer* in the Shadowlands, p. 151.

96. Michael Ward, "Escape to Wallaby Wood," p. 152.

97. C.S. Lewis, *On Stories*, p. 47.

98. C.S. Lewis, "Bluspels and Flalansferes: A Semantic Nightmare" in Walter Hooper, ed., *Selected Literary Essays* (Cambridge University Press, 1969), p. 265.

99. Philip Zaleski and Carol Zaleski, *The Fellowship: The Literary Lives of the Inklings: J.R.R. Tolkien, C.S. Lewis, Owen Barfield*, Charles Williams (Farrar, Straus and Giroux, 2015), p. 240.

100. C.S. Lewis, *The Lion, the Witch and the Wardrobe* (Geoffrey Bles, 1950; this edition, *The Chronicles of Narnia*, Collins, 1998), p. 184-185.

101. C.S. Lewis, *Mere Christianity*, p. 205.

102. C.S. Lewis, *The Weight of Glory*, p. 31.

103. Erica Komisar, *"Don't Believe in God? Lie to Your Children,"* The Wall Street Journal, December 5, 2019. www.wsj.com/articles/dont-believe-in-god-lie-to-yourchildren-11575591658 (accessed Dec. 10 2020).

104. 복음의 다양한 면을 감상할 수 있게 도울 두 가지 귀중한 자료가 있다. Leon Morris, The Atonement: Its Meaning and Significance (InterVarsity Press, 1983); and John Stott, The Cross of Christ (InterVarsity Press, 1986).

105. 105 Peter Adam, *Hearing God's Words: Exploring Biblical Spirituality* (InterVarsity Press, 2004), p. 141.

106. C.S. Lewis, *The Weight of Glory*, p. 58.

7장. 적대감에 대비하라

107. Justin Phillips, *C.S. Lewis in a Time of War*, p. 222.

108. 예컨대, James Como, *C.S. Lewis: A Very Short Introduction* (Oxford University Press, 2019), p. 108.

109. Philip Zaleski & Carol Zaleski, *The Fellowship*, p. 431.

110. 섬세한 독서를 할 만한 보상을 주는 자료: Edward T. Welch, *When People are Big and God is Small* (Presbyterian and Reformed, 1997).

111. 이 주제는 이 책에서 배정된 것보다 더 많은 공간을 요구한다. 나는 *Questioning Evangelism*이라는 책에서 동성애의 몇 가지 측면을 다루었다. 이 주제에 관한 성경의 가르침에 대한 간략한 핵심은 Kevin DeYoung의 *What Does the Bible Really Teach about Homosexuality?* (Crossway, 2015)이다. 성애에 관련된 더 많은 토론은 Nancy Pearcey's *Love Thy Body: Answering Hard Questions about Life and Sexuality* (Baker, 2018)를 참고하라.

112. C. S. Lewis, *Mere Christianity*, p. 95.

113. Michael Kruger, *Christianity at the Crossroads: How the Second Century Shaped the Future of the Church* (InterVarsity Press Academic, 2018).

114. 이 주제에 관한 가장 귀중한 자료 중의 일부는 자신을 '동성애에 끌리는 사람'이지만 여전히 성애에 관한 하나님의 가르침에 신실하다고 말하는 그리스도인들에게서 온다. 그중 최고는 다음의 것들이다. Sam Allberry, *Is God Anti-Gay?* (The Good Book Company, 2013); Ed Shaw, *Same-Sex Attraction and the Church: The Surprising Plausibility of the Celibate Life* (InterVarsity Press, 2015); Rachel Gilson, *Born Again This Way* (The Good Book Company, 2020). Joe Dallas의 많은 책도 크게 도움이 된다.

115. Clifford A. Morris, *"C. S. Lewis' Was My Friend,"* His, October, 1978 (Vol. 39, No. 1), p. 12.

116. C. S. Lewis, *The Screwtape Letters* (Geoffrey Bles, 1942; this edition, Macmillan, 1977), p. 62-63.

117. C. S. Lewis, *God in the Dock*, p. 103.

118. C. S. Lewis, *The Screwtape Letters*, p. xiii. 루이스는 시편 36편 1절의 예전 번역을 인용하고 있다.

119. 119 C. S. Lewis, *The Screwtape Letters*, p. 98-99.

8장. 기도의 능력

120. C. S. Lewis, *The Problem of Pain*, p. 19; Mere Christianity, p. 141.

121. C. S. Lewis, *The Screwtape Letters*, p. 19.

122. C. S. Lewis, *The World's Last Night* (Harvest/HBJ, 1952), p. 3.

123. C. S. Lewis, *A Grief Observed* (Bantam, 1980), p. 4.

124. Lewis, *Yours, Jack*, p. 136.

125. Sheldon Vanauken, *A Severe Mercy* (Harper and Row, 1977), p. 101.

126. See Walter Hooper, *C. S. Lewis: A Companion and Guide* (HarperCollins, 1996), p. 378-9.

127. C. S. Lewis, *The World's Last Night*, p. 9.

128. C. S. Lewis, *The World's Last Night*, p. 4.

129. C.S. Lewis, *The World's Last Night*, p. 5.
130. C.S. Lewis, *Letters to Malcolm: Chiefly on Prayer* (Geoffrey Bles, 1964; this edition, Harvest/HBJ, 1973), p. 59.
131. Timothy Keller, *Prayer: Experiencing Awe and Intimacy with God* (Dutton 2014), p. 228.
132. C.S. Lewis, *Letters to Malcolm*, p. 113.
133. C.S. Lewis, *Letters to Malcolm*, p. 114.
134. C.S. Lewis, *Reflections on the Psalms* (HarperOne Reprint edition, 2017), p. 1-2.
135. D.A. Carson, *Praying with Paul* (Baker, 2015). 특히 pp. 123-144.
136. Jason Mandryk, *Operation World: The Definitive Prayer Guide to Every Nation* (InterVarsity Press, 2010).
137. C.S. Lewis, *The Screwtape Letters*, p. 125-126.

9장. 적절한 때에 반론하라

138. C.S. Lewis, *Mere Christianity*, p. 5.
139. C.S. Lewis, *The Weight of Glory*, p. 43-44.
140. C.S. Lewis, *Mere Christianity*, p. 92.
141. C.S. Lewis, *Mere Christianity*, p. 52.
142. Justin Phillips, *C.S. Lewis in a Time of War*, p. 148.
143. C.S. Lewis, *Mere Christianity*, p. 137.
144. C.S. Lewis, *The Great Divorce* (Geoffrey Bles, 1946; this edition, Macmillan, 1977), p. 72.
145. C.S. Lewis, *Mere Christianity*, p. 74.
146. C.S. Lewis, *The Great Divorce*, p. 74.

10장. 응답하도록 요청하라

147. C.S. Lewis, *Mere Christianity*, p. 32.
148. C.S. Lewis, *Mere Christianity*, p. 65.
149. C.S. Lewis, *Mere Christianity*, p. 226-227.
150. 어떤 사람들은 이런 구호가 아시시의 프란시스(Francis of Assisi)가 한 말이라고 하지만 그렇지 않다. 사실 그의 담대한 복음 전도는 잘 문서화되어 있다. '복음을 전하라'고 하면서 말을 사용하지 않는다는 생각을 들으면 웃어버릴 것이다.
151. Dane Ortlund, *Gentle and Lowly: The Heart of Christ for Sinners and Sufferers* (Crossway, 2020), p. 78.
152. C.S. Lewis, *Mere Christianity*, p. 56.

153. C. S. Lewis, *God in the Dock*, p. 182.
154. C. S. Lewis, *Surprised by Joy*, p. 115.
155. C. S. Lewis, *The Lion, The Witch and The Wardrobe*, p. 146.
156. C. S. Lewis, *Mere Christianity*, p. 50.
157. C. S. Lewis, *Mere Christianity*, p. 196.
158. C. S. Lewis, *God in the Dock*, p. 58.
159. 비슷한 내용으로 도움이 되는 자료는 Rebecca Manley Pippert, *Discovering the Real Jesus: Seven Encounters with Jesus from the Gospel of John* (The Good Book company, 2016).
160. C. S. Lewis, *God in the Dock*, p. 98.
161. C. S. Lewis, *The Discarded Image* (Cambridge University Press, 1964; this edition, Cambridge University Press, 2012), p. 1.
162. C. S. Lewis, *Mere Christianity*, p. 202.
163. C. S. Lewis, *The Weight of Glory*, p. 41.
164. C. S. Lewis, *The Weight of Glory*, p. 39.

맺는 말: 멈추어 바라보다

165. C. S. Lewis, *Surprised by Joy*, p. 238.
166. C. S. Lewis, *Surprised by Joy*, p. 238.
167. C. S. Lewis, *The Pilgrim's Regress* (J. M. Dent, 1933; this edition, Eerdmans, 1981), p. 175.
168. C. S. Lewis, *The Screwtape Letters*, p. 118.
169. C. S. Lewis, *Mere Christianity*, p. 191.
170. C. S. Lewis, *The Weight of Glory*, p. 46.
171. 루이스의 장점이 그의 약점을 크게 앞선다. 그는 구원의 필요와 그러한 구원을 위한 하나님의 공급하심을 멋지게 설명했다. 그러나 그는 보주적인 신학자들이 적절하게 비판하고 복음주의 그리스도인들이 거부해야 할 몇 가지를 쓰기도 했다. 예를 들어 그는 다른 종교에의 애착은 "알지 못하면서 그리스도에 속할 수 있다"고 말했다(*Mere Christianity*, p. 209).
172. *Mere Christianity* 2권의 아름다운 양장본이 *What Christians Believe* (HarperOne, 2005)이다.
173. C. S. Lewis, *Yours, Jack*, p. 2-3.
174. C. S. Lewis, *Surprised by Joy*, p. 229.
175. C. S. Lewis, *Surprised by Joy*, p. 229.
176. C. S. Lewis, *The Chronicles of Narnia*, p. 767.

순전한 전도

·**초판 1쇄 발행** 2022년 12월 15일

·**지은이** 랜디 뉴만
·**옮긴이** 임신희
·**펴낸이** 민상기
·**편집장** 이숙희
·**펴낸곳** 도서출판 드림북
·**인쇄소** 예림인쇄 **제책** 예림바운딩
·**총판** 하늘유통

·**등록번호** 제 65 호 **등록일자** 2002. 11. 25.
·경기도 양주시 광적면 부흥로 847 경기벤처센터 220호
·Tel (031)829-7722, Fax(031)829-7723